모닝페이지로
자서전쓰기

모닝페이지로
자서전쓰기

1판 1쇄 인쇄 2009년 10월 20일
1판 1쇄 발행 2009년 10월 30일

지은이 송숙희
발행인 양원석
편집장 백지선
책임편집 김진영
영업마케팅 정도준, 김성룡, 백준, 백창민, 윤석진

발행처 랜덤하우스코리아(주)
주소 서울시 강남구 삼성동 159 오크우드호텔 별관 B2
편집 문의 02-3466-8826
구입 문의 02-3466-8955
홈페이지 www.randombooks.co.kr
등록 2004년 1월 15일 제2-3726호

값 12,000원

ISBN 978-89-255-3409-1 03320

※ 이 책의 정가는 책 뒤 표지에 표기하였습니다.
※ 잘못된 책은 바꾸어 드립니다.

우리는.모두.우리.삶의.작가다.

모닝페이지로
자서전쓰기

송숙희 지음

랜덤하우스

스토리1.

애플컴퓨터코리아와 프로젝트를 도모할 때의 일이다. 서로의 역할 분담에 대해 조율하면서 프로젝트의 홍보를 애플코리아가 맡아주었으면 했다. 애플의 홍보 네트워크를 통해 프로젝트가 홍보되면 큰 탄력을 받으리라는 기대가 충만했었다. 하지만 애플쪽 A팀장은 덤덤한 표정으로 말했다. "우리는 홍보 안하는데요." 처음에는 무슨 얘긴가 싶어 헛갈렸지만 곧 뜻을 알아차렸다.

당연히 그렇겠다 싶었다. 애플의 CEO인 스티브잡스나 애플의 제품 아이포드, 애플이 투자한 회사 픽사의 애니메이션들은 신문이며 방송이며 잡지며 책에서 경쟁적으로 알아서 보도한다. 그뿐인가. 각 조직의 리더나 오피니언 리더들이 틈만 나면 애플을 닮아야 하고 스티브잡스를 배워야 하며 픽사처럼 일해야 한다고 주장하고 역설한다. 그런 마당에 굳이 돈 들여 홍보할 필요가 있겠는가.

스토리2.

수년 전, 모 출판사와 함께 해리포터의 작가 조앤 K. 롤링의 성공 스토리를 만들자고 도모한 적이 있다. 구체적인 기획에 들어가기 전 자료부터 찾아봤다. 여러 가지 번역서들과 국내외 언론자료, 구글 검색 등 가능한 모든 방법으로 자료를 뒤져본 결과 그녀의 성공 스토리는 다음 문장으로 요약되었다.

세계적인 베스트셀러 작가가 된,
아기 분유 값조차 없어 절절매던 이혼녀

만일 조앤 K. 롤링이 부유하거나 그리 가난하지 않은 집안 출신으로 작가수업을 하다가 그런 대박을 터뜨렸다면 그녀의 성공 스토리가 이처럼 빛났을까? 그렇더라도 그녀의 성과가 크게 폄하되지는 않았겠지만, 우리가 가정했던 것처럼 지금과 다른 출신 배경을 가진 인물이었다면 수많은 언론이 연일 작가의 삶과 이야기를 대서특필하고 갖가지 소문이 그녀를 따라다니지는 않았을 것이다.

스토리3.

우리는 이렇게 '이야기하기'를 좋아한다. 어디를 가든 콘텐츠를 뿌려대는 미디어 덕에 우리는 수많은 '이야기'를 옮기며 산다. 게다가 기업들이 가공하여 곳곳에 매복시켜놓은 이야기를 주고받으며 즐거워한다. 배용준이 영화 〈외출〉을 찍은 그곳, 문근영이 발칙한 모습으로 광고를 한 그 휴대폰, 심은하도 입고 김남주도 입은 그 웨딩드레스, 유명인들의 결혼식 장소로 애용되는 그 호텔을 우리는 입에 올리고 당연한 수순으로 이야기 속 그것을 소비한다. 그야말로 상품이나 서비스 자체는 이제 부차적인 것이 되고 말았다.

대형 할인점에 가보면 계란도 이야기로 포장돼 있다. 청국장을 먹인 닭이 낳은 달걀, 푸른 목장에서 방목하여 기른 닭이 낳은 달걀, 키토산이 함유된 달걀…… 한 판에 5천 원 남짓 하는 계란에 1천 원씩 웃돈을 주고 사면서도 아깝지 않은 이유는 명분이 충분하기 때문이다. 다시 말해 달걀 하나를 두고도 할 얘기가 많기 때문이다.

스토리4.

이 시대의 소비자들은 그냥 상품과 서비스를 구매하는 것이 아니라 상상력을 자극하는 이야기가 담긴 제품을 구매한다. 이러한 현상을 일찌감치 포착한 영리한 기업들은 그들만의 이야기를 만들어 제품이나 브랜드에 바이러스로 침투시켰고, 그들의 이야기 바이러스는 아주 빨리 그리고 자연스럽게 세상 곳곳에 침투했다.

영리하기는 기업뿐이 아니다. 리더도 이야기로 성공한다. 성공한 리더들은 수시로 자신의 과업을 소개하고 실수나 실패마저 디딤돌이었다고 이야기한다. 이야기를 풀어놓는 한 자신을 낮추고 감추는 행위는 전혀 리더답지 않고 도움도 되지 않는다. 넬슨 만델라조차도 "자신을 낮추는 건 세상에 아무런 도움이 되지 않는다"고 했을 정도다. 리더의 능력은 자신의 이야기를 어떤 방법으로 전하고 퍼뜨리는가에 달려 있다. 한마디로 리더는 이야기 바이러스의 소유자다.

세계적으로 유명한 무라카미 하루키와 파울로 코엘료는 최근에 펴낸 초화제작 『1Q84』와 『승자는 혼자다』를 통해 똑같은 메시지를 전송했다. 두 작가는 "다른 사람의 이야기에 매몰되지 말라"고 경고 했다. 그런가 하면 대중문화 매체들은 앞다투어 이렇게 요구한다. "당신의 이야기를 들려주세요." CF, 영화, TV프로그램, 출판 할 것없이 우리 주위에 있는 사람들의 이야기를 경쟁적으로 노출한다. 메이저 신문들과 기업들도 억대 상금을 내걸고 '우리의 이야기'를 들려달라며 애걸한다.

이 책은 어떤 사람의 인생이든 하나의 멋진 스토리라는 생각에 매료되어 미디어 현장을 무대로 이야기를 발견하고 이야기를 짓고 이야기를 전파하는 스토리텔러로 살아온 저자의 23년 경험의 산물이다. 이 책을 통해 나는 이야기 바이러스를 만들고 전파하는 방법에 대해 안내할 것이다. 전방위적으로 요구되는 스토리텔링 마케팅에 당신의 이야기를 어떻게 활용하면 되는지 그 비결도 알려줄 것이다. 이 책을 읽고 이 책이 제시하는 방법대로 따른다면 당신도 다른 저명한 이들처럼 당신의 이야기를 남들이 알아서 퍼뜨려주는 신나는 삶을 살게 될 것이다. 그리하여 당신도 그들 이상의 삶을 누리게 될 것이며 당신만 모르고 있던 성공 전용도로를 달리게 될 것이다.

이 책은 당신이 속한 기업, 조직, 단체의 이익을 위해 이야기를 마케팅해야 한다는 당위성을 반복 설명하는 책이 아니다. 이 책은 바로 당신의 이야기를 만들어 바이러스처럼 세상에 퍼뜨리는 구체적인 비법과 기술들을 다루고 있다.

첫 장에서는 이야기 바이러스에 의해 지배되는 현 시대상을 언급하고, 다른 사람의 이야기를 소비하느라 바쁜 당신의 행동에 먼저 브레이크를 건다. 아울러 당신에게도 다른 사람들이 좋아하는 위대한 이야기가 있음을 알게 하여 당신도 당신의 이야기를 만들고 퍼뜨리도록 유도할 셈이다. 두 번째 장은 당신 삶에 내재된 이야기의 소스를 찾아내게 하고 마지막 장은 이렇게 찾아낸 이야기 소스를 이야기로 만들고 바이러스처럼 퍼뜨리는 방법을 안내할 것이다.

이 책을 읽은 당신은 하루키와 코엘료의 경고대로 더 이상 다른 사람의 이야기를 찾아 기웃거리거나 당신의 아까운 시간과 돈을 다른 사람의 이야기를 소비하는 데 들이지 않을 것이다. 대신 이 책이 제시한 대로 당신의 위대한 이야기를 만들어 퍼뜨리며 살 것이다. 당신 또한 이야기 바이러스를 몸에 지닌 성공자의 모습으로 살 것이다. 이 책을 당신께 바친다. 한 권의 책을 내는 데는 앞서 나온 모든 책들의 도움을 크게 받지만 이 책을 쓰는 데는 미국의 마케팅 전문가 세스 고딘에게 크게 빚졌다. 그와는 몇 권의 책으로 만났을 뿐이지만 그는 나의 사유와 비즈니스와 책쓰기에 크나큰 영향을 미쳤다. 그에게 존경과 감사를 바친다.

참, 조앤 K. 롤링의 책은 진행하지 않기로 했다. 그녀는 자신의 이야기를 어떤 의도, 어떤 방법으로든 다른 사람이 이야깃거리로 활용하는 것을 원치 않았다고 출판사 측에서 전해왔다. 역시나 그녀는 영민했다.

자, 이제 당신이 이야기할 차례다.

Contents

2 스토리마이닝

: 삶의 공간에서 이야기 소재 찾는 법

3 스토리텔링

: 바이러스처럼 유포되는 이야기 만들기

1

스토리에이지

: 이 세상 모든 성공은 이야기로 통한다

모든 사람은 누구나 다른 사람에게 들려줄 수 있는
감동적인 이야기를 갖고 있다.

마이클 래비거

모든 사람은 누구나 자신만의 위대한 이야기를
바이러스처럼 유포시킬 수 있다.

송숙희

성공 유전자에는
이야기 바이러스가 있다

이 책을 읽기 전에 당신 곁에 자리 잡고 있을 잘나가는 성공학이나 처세에 관한 책을 몇 권 뒤적여보자.

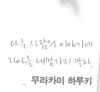

다른 사람의 이야기에
자이를 내맡기지 말라.
_ 무라카미 하루키

거기에는 대개 무슨 내용이 있는가? 혹시 저자의 사적이거나 공적인 에피소드나 사례들 혹은 무수한 경험담과 무용담이 있지 않은가? 아마도 그럴 것이다.

내친 김에 도서관이나 서점에 가 당신이 존경해마지 않은 사람들이 쓴 책을 살펴보라. 무슨 내용이 실렸는가. 거기에도 그러한 이야기가 넘칠 것이다. 책에 쓰인 이야기를 읽고도 모자라 그에게 이야기를 직접 듣기 위해 특강을 찾아다니고 그것에 대해 수다를 떨고, 블로그나 카페나 이메일로 그 이야기를 열심히 퍼날랐을 것이다.

그렇다. 눈치챘겠지만 당신은 지금껏 다른 사람의 이야기에 빠져 살아왔다. 돈을 주고 산 것은 책이 아니라 책을 쓴 이의 이야기였다.

이쯤에서 당신은 자신도 모르는 사이 어떤 함정에 빠진 듯한 기분을 느꼈을지도 모르겠다. 이른 아침 눈을 뜨면서부터 지금 이 순간까지 당신이 보고 들은 것을 떠올려보라. 조간신문에서, 출근준비를 하며 잠깐 본 TV에서, 엘리베이터에서, 운전하는 차 안에서, 회사에서, 주고받은 이메일에서, 점심시간 식당에서…… 당신은 온갖 재미있고 신나는 다양한 이야기들의 샤워 공세를 받았을 것이다.

이야기의 발원지는 기업과 정부와 사회와 개인들. 이들의 목표는 자신들이 주장하는 마케팅 메시지를 당신이라는 소비자에게 이식시키기 위해 이야기라는 칩에 담아 무차별하게 살포한 것이다. 이런 식으로 한 개인이 하루 종일 접하는 마케팅 메시지는 무려 4천여 개나 된다고 한다.

기억하기 쉽고 달콤한 이야기들로 무장한 마케팅 메시지의 세례를 받은 당신은 하루 종일 그들의 이야기를 소비하며 살게 된다. 어떻게든 소비자의 뇌리와 마음에 자신의 브랜드를 심고 싶어하는 기업들은 '이야기하기'라는 도구가 얼마나 영험한지 잘 알고 있다. 그 결과 당신의 지갑은 늘 비어 있고 당신의 눈은 늘 다른 사람과 다른 곳을 향하며 입은 다른 사람을 말하고 귀는 다른 사람을 향해 열려 있다. 당신이 하루 동안 언론에 등장하는 저명한 이들의 이야기를 얼마나 입에 올리는가 한번 생각해보라.

출간된 지 12일 만에 100만 부가 팔려나가고 한국에서 무려 15억여 원의 선인세로 판권을 사들이는 등 화제를 낳은 무라카미 하루키의 『1Q84』. 이 책은 문예지의 신인상 조작에 관한 이야기와 베스트셀러를 만들어내는 이야기, 신흥 종교단체를 둘러싼 이야기가 직조

되어 만들어진 소설이다. 하지만 이 흥미진진한 이야기들을 통해 하루키가 말하고 싶었던 것은 아이러니하게도 '다른 사람의 이야기에 자아를 내맡기지 말라'는 것이다. 신간 『승자는 혼자다』를 통해 파울로 코엘료가 하고 싶은 이야기 또한 이와 같다. 문명의 이기들로 조작된 '명성'이 흘려보내는 이야기의 허구에 홀려 노예로 전락하지 말라는 것이다.

다른 사람의 이야기에 빠져 있는 한, 당신은 자신만의 삶을 살기 힘들다. 남의 이야기에 빠져 있는 당신의 삶은 누군가의 이야기를 들어주고 그 이야기가 유도하는 소비의 주체로서만 존재한다. 이것이 당신이 빠져 있는 '이야기' 함정의 실체다.

나는 저마다의 삶 속에 품고 있는 이야기의 소재를 발굴하여 언론과 대중이 좋아하는 이야기로 꾸며 세상에 퍼뜨리는 일을 한다. 이것을 나는 '이야기 바이러싱하기'라고 부른다. 대학 졸업 후 언론매체에서 일해온 나는 세상에는 두 부류의 사람이 존재한다는 단서를 포착했다. 하나는 언론의 힘을 업고 승승장구하는 사람이고 다른 하나는 언론에 주목받기 위해 기를 쓰고 사는 사람이었다. 이 두 부류이 차이는 언론이 탐내는 이야기를 가졌느냐 아니냐였다. 또 언론이 그 이야기를 탐내도록 유혹하는 방법을 알고 있는가 아닌가에 달렸다는 것도 간파했다.

오랫동안 이 일을 하며 얻은 경험에 따르면 30년 가량 짧지 않은 인생을 살아온 사람이면 누구나 이야기 바이러스를 가지고 있다. 다만 대부분의 사람들은 그것을 모르고 있으며, 세상에 그 이야기를 퍼뜨리겠다는 야심을 갖지 못할 뿐이다. 반면 자신만의 이야기 바이러스를 가진 소수의 사람들은 그때그때 시의적절한 이야기를 만들어내 언론의 러브콜을 받아가며 성공의 아우토반을 질주한다.

이러한 성공의 메커니즘을 모른 채로 열심히 살기만 하는 대부분의 사람들을 보고 참으로 안타까웠다. 그래서 책과 칼럼과 강의를 통해 이렇게 외쳤다. "당신도 당신의 이야기를 하라. 다른 이에게 당신의 이야기를 전파하라. 그 이전에 이야기 바이러스를 당신 몸 속에 침투시켜라. 더 이상 다른 이의 이야기를 소비하며 당신의 삶을 탕진하지 마라."

나는 일반인들을 대상으로 그들의 이야기를 책으로 출간하도록 코칭한다. 블로그나 인터넷카페 등에서 그 이야기를 전파하도록 가이드한다. 무슨 일을 하든 10년 이상의 경험을 쌓으면, 전업주부도 10년 이상 경험하고 통찰하면 책 한 권 쓸 수 있는 힘과 아이디어를 갖게 된다. 10년이면 하나의 이야기가 생겨나 힘을 갖기에 충분한 시간이기 때문이다. 하물며 한 분야에서 능력자로 인정받으며 20, 30년 일해온 전문가라면 그만의 주장과 논리와 콘텐츠가 무르익어 있어 책쓰기가 저절로 된다고 믿는다. 그 밑바탕에 이야기 바이러스만 있다면. 따라서 나는 책쓰기를 코칭하기 위해 이야기 바이러스를 만들어내는 일부터 지도한다. 나에게 이러한 코칭을 받은 이들은 이야기 바이러스의 힘을 받아 눈에 뜨이게 발전하는 기염을 토한다.

나는 늘 이렇게 소리 높여 말했다. "당신의 이야기는 당신 속에 이미 충분하다. 자신의 삶에 일어난 크고 작은 사건들을 인식하고 인과관계를 발견해내면서 마음속에 자리잡고 있는 관심사가 무엇인지 이해하게 되면 그것을 글이나 말로 풀어내기란 어렵지 않다. 이 작업을 가능하게 하는 것이 이야기 바이러스를 만들어내는 작업이다."

경쟁이 도를 넘어 초경쟁시대로 돌입한 요즘은 남보다 잘하는 '나'가 아니라 남과는 전혀 다른 가장 '나다운 나'에 경쟁력이 실린다. 지문처럼 전혀 다른 삶을 살아온 개인이 그 여정 속에 잠재된 암호를 해독하여 이야기로 풀어내고 바이러스로 전파할 때 그것은 경쟁과 복제를 원천 불허하는 강력한 힘이 된다. 마침내 당신은 이 세상에 둘도 없는 근원(오리진)으로서 당신을 창조하게 된다. 이야기 바이러스의 위력은 이와 같다. 이것을 나 혼자 즐기고 몇몇에게만 수혜하는 것이 벅차고 아까워 당신에게도 공개한다.

내가 이렇게 큰소리치는 데는 사실 '이야기를 만들고 전파하는 것'이 그리 특별하거나 대단한 노하우가 필요하지 않기 때문이다. 일기나 블로그, 여행기, 독후감노트, 사진첩, 체험수기, 일대기나 연대기, 보고서는 물론 업무일지까지 당신만의 경험을 이야기라는 형식으로 묶어내거나, 그 속에 담긴 이야기들이 당신 자신은 물론 다른 이에게 하나의 의미로 전달될 수 있으면 그것이 바로 '이야기'가 된다. 또 그 경험의 갈피에 놓인 기억들을 현재의 시점에서 재해석하는 작업이 '이야기하기'다.

스티브 잡스가 스탠퍼드대학교 졸업식에서 그랬던 것처럼, 굳이 '이야기'라는 형식을 갖추지 않아도 누군가에게 자신의 생애를 들려주는 것만으로도 이야기를 바이러싱하는 것이다. 아니, 굳이 그 어떤 의미를 담으려 애쓰지 않더라도 그저 당신 자신에 대해 말하는 것, 이것이 이야기 바이러스다.

당신이라고 늘 버락 오바마나 스티브 잡스, 오프라 윈프리만 입에 올리며 살아야겠는가. 이제는 기업들이 파놓은 함정에서 벗어나 당신의 이야기를 세상에 퍼뜨리며 살아야 하지 않겠는가. 당신도 자신의 이야기를 팔아 이 세상에 둘도 없는 브랜드로 살면 어떻겠는가. 인터넷이라는 무한대의 공짜 솔루션과 이야기 바이러스가 당신을 도와줄 것이다.

성공계를 장악하는
이야기 바이러스

1836년 덴마크의 선사고고학자 C.J. 톰센은 국립박물관에 유물을 진열하며 고대 로마시대의 루크 레티우스가 고안한 3시기법을 도입했다. 이 방법은 인류문화를 주요 이기(利器)의 재료에 따라 석기, 청동기, 철기의 세 시대로 구분하는 것이다.

만일 루크 레티우스가 살아 있다면, 우리가 숨쉬는 지금 이 시대를 어떻게 볼까? 이 시대의 주요 이기는 무엇이며 그 재료는 무엇이라 가름할까? 또 무슨 시대라 이름붙일까? 스토리에이지. 루크 레티우스는 우리의 시대를 '이야기의 시대, 스토리에이지'라 이름붙일 게 분명하다고 나는 장담한다.

지금 모든 것은 이야기로 통한다. 이 시대를 관통하는 핵심 이기(利器)는 '커뮤니케이션'이며 그것을 가능하게 하는 결정적 촉매는 이야기 바이러스다. 어쩌면 앞으로 2만년 후 이런 내용의 애니메이션이

나는 내 삶을 살기 위해
이 세상에 왔다.
_ 에밀 졸라

그 시대의 아이들에게 제공될지도 모른다.

> 지금으로부터 2만년 전. 이야기 바이러스가 인간 세상의 모
> 든 것을 지배하고 세상에 존재하는 모든 것은 오직 이야기로
> 만 구성되었다. 이야기계 제왕의 지위를 영속적으로 독점하
> 려는 호모나렌스 왕과 하나뿐인 그 지위를 노리는 다른 인간
> 들의 물러설 수 없는 전쟁이 늘 벌어졌다.[1]

우리는 이야기하기 위해 산다

우리에게는 이야기에 대한 본능이 있고 이야기를 통해서 사회를 이해한다.[2] 이것을 일찌감치 간파한 마케터들은 뭔가를 팔기 위해 그 뭔가에 이야기 바이러스를 주입했다. 그 결과 PDP, 사과, 자동차, 점퍼, 스니커즈 등 팔리는 것이면 어떤 것에나 이야기 바이러스가 이식되었다. 영화, 게임, 관광, 교육 같은 무형의 상품에도 이야기 바이러스를 탑재했다. 심지어 국가, 산, 우주, 행성처럼 눈에 보이든 안 보이든 팔리면 이야기를 동원했다.

이렇게 되자 우리가 매일 접하는 4,000여 개의 메시지에는 4,000여 가지의 이야기가 숨겨진 셈이 되었고, 우리는 그 이야기 속 바이러스에 감염당한 채 숨쉬고 생활하고 소비하며 살고 있다.[3] 이런 이유로 기업들처럼 무언가를 팔아야 하는 쪽은 소비자의 내부에 침투시킨 이야기 바이러스의 활동을 촉진하는 데 혈안이 되어 있다. 이야기 바이러스는 사람의 마음을 열리게 하는 최적의 주파수를 송출하기 때문이다.

알다시피, 상품은 이미 어느 분야든 새로운 것이 들어설 수 없을 만큼 포화상태이고 가격, 품질, 서비스 어떤 방법으로도 차이를 입증하기 어려운 상황이다. 이에 대한 유일한 타개책으로 기업들이 내놓은 방안은 상품이 가질 수 있는 '이야기'를 선점하고 퍼뜨리는 것이다. 이것이 스토리텔링 마케팅 혹은 이야기 마케팅이란 것이다. '욘사마' 배용준의 이야기를 사기 위해 남이섬에 가고, '자유'라는 이야기를 사기 위해 할리데이비슨을 사고, 마샤 스튜어트의 살림 이야기를 사기 위해 그녀의 잡지를 사고, 최고로 잘 사는 이야기를 주고받기 위해 주상복합 아파트를 청약하고, 그들끼리만 속삭이는 이야기 속에 편입되기 위해 에르메스를 산다. 빌 게이츠가 들려주는 이야기를 통해 그와 닮은 성공을 꿈꾸며 그를 이야기한 책을 사고 강연을 듣고 MS의 제품을 소비한다.

이제 사람들은 제품이 아니라 스토리를 산다. 그러므로 마케터, 기획자, 상인, 개발자는 이야기를 만들고 퍼뜨리는 이야기 바이러스 개발자다.

이야기 바이러스는 제품이나 서비스의 영역을 넘어 자기 자신을 팔기 위한 방법으로도 동원된다. 미국 대통령의 지위를 확보하는 데 결정적 공을 세운 오바마의 연설은 주로 그 자신과 주위 사람들에 대한 '이야기'로 시작해서 그것으로 끝맺는다. 그는 몇 권의 책과 칼럼과 연설을 통해 자신의 불우했던 어린 시절을 드라마틱하게 재구성하여 이야기해주었다. 그의 이야기를 들으며 미국 유권자들은 물론 미국 밖의 많은 사람들도 그를 지지하고 나섰다. 마침내 대통령에 당선된 후 가진 연설에서 오바마는 또 하나의 이야기를 통해 자신의 메시지를 완성했다.

"흑인 할머니 앤 닉슨 쿠퍼는 106년의 삶을 살면서 수많은 역사적 진보와 개인의 변화를 경험했다. 그 중 가장 의미있는 변화는 차도 비행기도 없던 당시에는 무엇보다 여자였고 흑인이었기 때문에 투표조차 할 수 없었으나 이제는 당당하게 투표할 수 있다는 것이다. 그러므로 무엇이든 우리도 할 수 있으며 해낼 수 있다."

이야기를 통해 쉽고도 적절하게 메시지를 이해하게 된 미국 국민들은 오바마에게 열광의 박수를 보냈고, 자신들의 선택에 대한 안도감과 미래의 희망에 부풀어 잠들었다. 이것이 이야기 바이러스의 긍정적인 효과다.

건강 이상설로 주식시장을 요동치게 만들었던 애플컴퓨터의 CEO 스티브 잡스. 그는 췌장암을 극복하고 난 직후, 2005년 스탠퍼드대학 졸업식 축사에서 다음과 같은 메시지를 전하고 싶었다. "진짜 좋아하는 일을 시작하라. 하는 일에 믿음을 갖고 충실하게 하라. 이 모두를 위해 용기를 가져라." 탁월하지만 관념적이기 그지없는 이 메시지를 전하기 위해 그는 자신의 삶을 털어놓는 방법을 선택했다.

부모의 얼굴도 보지 못하고 입양되어 대학을 자퇴할 수밖에 없었던 이야기에서 시작해 자신이 세운 회사에서 해고당했던 이야기, 암 선고를 받은 후 마침내 암을 극복하고 애플에 돌아온 이야기, 아이팟의 신화를 거듭 구축한 이야기에 이르기까지 이날 스탠퍼드대학 졸업생들은 운 좋게도 스티브 잡스라는 거물의 생애를 이야기로 전해 듣고 그가 전하려고 한 메시지를 오롯이 받아들일 수 있었다.

잡스의 이야기는 매스컴을 통해 온 세계 수많은 사람들의 가슴에도 실시간으로 전달되었다. 잡스는 버락 오바마와 마찬가지로 이야기 바이러스를 우리 별에 수없이 침투시킨 선두주자 중 한 사람이다.

어린 시절 경험한 성적 학대 이야기를 털어놓은 오프라 윈프리도 성공한 여자의 모델로서 수많은 사람들에게 희망과 용기의 이야기 바이러스를 침투시켰다.

이른바 '잘난' 이들만 이야기를 만들어 파는 것은 아니다. 마음만 먹으면 누구나 언제든지 인터넷을 통해 이야기를 판다. 김가성 씨는 자칭 타칭 '180억 원짜리 전라남도 고창군 소속의 공무원'이다. 그는 현업에서 일군 성과를 이야기로 변환하여 '공무원도 얼마든지 창의적일 수 있다'는 메시지를 담아 책을 내기도 했다. 전직 은행간부인 오명사 씨는 '무일푼으로 세상에 도전, 남들이 부러워하는 은퇴자로 살고 있는 자신의 삶을 이야기 속에 녹여 『30days 40years』라는 책을 냈다. 전업주부였던 유지연 씨는 네 살짜리 아들에게 영어를 가르쳐 아이가 한글과 영어를 동시에 뗀 이야기를 수록한 책 『육아영어』를 출간하여 수많은 엄마들의 박수갈채를 받았다.

이처럼 사람들은 자신의 메시지를 전하기 위해 자신이 살아온 삶의 단면을 이야기하거나 다른 이의 이야기를 빌려온다. 누군가의 입으로 토해진 이야기들은 사람들의 입에서 입으로 회자되면서 확대되고 재생산되는 메커니즘을 가지고 있다. 이야기 바이러스는 다른 이의 이야기를 소비하며 사는 대다수의 일반인들을 감염시키고, 면역체계가 취약한 이들은 수다나 비즈니스나 블로그를 통해 그들 속의 이야기를 전파한다.

문제의 핵심은 상업적인 의도로 만들어지고 전파되는 이야기를 소비하느라 당신의 시간과 돈과 꿈과 희망이 탕진되고 있다는 데 있다. 그 문제의 해법은 가능한 한 그 이야기들로부터 도피하는 게 아니라 당신의 이야기로 그 이야기를 되받아치고 당신의 이야기를 세상에 퍼뜨려 당신이 주인공이 되는 성공적인 인생을 사는 것이다. 즉, 당신도 당신 내부에서 이야기를 탐색하고 포장하여 시장에 내놓을 수만 있다면 스토리에이지의 핵이 될 수 있다는 말이다.

당신이 누군가의 이야기를 듣기 위해 돈을 내듯, 당신의 이야기를 듣기 위해 사람들이 당신 앞에 몰려들고, 당신의 이야기를 시시각각 자신의 블로그와 카페에 올려 퍼뜨리는가 하면, 일상에서든 비즈니스에서든 대화의 주제로 활용한다면? 그 결과 마침내 당신의 이야기가 온 세상에 바이러스처럼 전파된다면 당신에겐 어떤 일이 일어날까?

그 어떤 삶을 살더라도 이야기 없이 불가능한 이 시대, 스토리에이지의 엔진은 이야기 바이러스다. 당신만의 이야기를 바이러스처럼 사람들의 뇌리에 침투시켜 온 세상 사람들이 당신을 이야기하게 하자. 이것이 이 책의 핵심 내용이다.

세상을 몰래 움직이는
이야기 바이러스

제방이 무너졌을 때 집 잃은 자들을 지체
없이 내 집으로 들여 보호하는 친절, 일자
리를 잃은 친구들을 방치하지 않고 내 작

때케팅어 성패는
결국 이야기로 지명된다.
_ 에밀 졸라

업 시간을 할애해 같이 고난의 시간들을 헤쳐나가는 공장 일
꾼들의 무아(無我)의 보살핌, 화염과 연기로 가득 찬 계단을
뛰어들어가는 소방관들의 용기, 아기에게 젖을 먹이는 엄마
의 헌신적 사랑. 이것들이야말로 궁극적으로 우리의 운명을
결정할 것입니다.

오바마 대통령 취임연설의 한 부분이다. 그는 대체 무슨 얘기를
하고 싶었던 것일까? 힌트는 다음 사례에 있다.

고(故) 랜디 포시 교수는 자신의 마지막 강의가 끝날 무렵에 독특
한 결말을 구사했다. 동영상을 통해 강연을 보고 있던 나는 정수리에

번개가 내려꽂히는 느낌을 받았다. 그는 강의를 듣고 있는 사람들에게 이렇게 물었다.

"자, 오늘 강의는 어린 시절의 꿈을 이루는 것에 관한 것이었습니다. 그런데 헤드페이크는 찾아냈습니까?"

강연장은 잠잠했다.

"오늘 강의는 당신의 꿈을 어떻게 달성하느냐에 관한 것이 아니라 어떻게 당신의 인생을 이끌어갈 것이냐에 관한 것입니다. 만약 당신이 인생을 올바른 방식으로 이끌어간다면 그 다음은 자연스럽게 운명이 해결해줄 것이고 꿈이 당신을 찾아갈 겁니다."

그러니까 관중이 강연자로부터 꿈을 어떻게 달성하느냐를 배운다고 생각하고 있을 때, 사실 강연자는 인생을 올바로 끌어가는 방식에 대해 이야기했다는 것이다. 마치 농구 코트에서 상대선수를 교란하는 헤드페이크처럼.

농구를 좋아하는 남자들이라면 헤드페이크가 무엇인지 알 것이다. 포시 교수는 그것을 이렇게 설명한다. "우리가 아이들에게 미식축구나 축구, 수영 등의 조직적인 스포츠를 가르칠 때 아이들이 경기의 룰만 배우기를 원하는 것은 아니다. 아이들이 배웠으면 하는 것은 훨씬 더 중요한 것들이다. 팀워크, 인내심, 스포츠맨십, 열심히 노력하는 것의 가치, 역경을 이겨내는 능력 등이 그것이다. 이러한 종류의 우회적인 가르침을 '헤드페이크'라고 명명할 수 있을 것이다."

미식축구나 농구를 할 때 필드나 코트에서 한 선수가 머리를 한쪽으로 움직여 상대방의 관심을 그쪽으로 유도한 다음 정작 반대쪽으로 움직이는 것, 또 마술사가 관객들의 관심을 다른 쪽으로 유도

하면서 마술을 행하는 것, 이것이 헤드페이크의 원래 의미다. 따라서 "선수의 배꼽이 움직이는 방향이 그 선수가 움직일 방향이니, 선수의 허리방향을 주시하면 그가 움직일 방향을 알 수 있다"고 포시 교수는 말했다.

포시 교수가 의미하는 헤드페이크는 "배우는 과정에 푹 빠져들 때까지 배우는 사람으로 하여금 자신이 진정 배우고 있는 것이 무엇인지 모르게 하는 속임수"다. 그러므로 자신의 메시지를 제대로 전달하는 전문가들은 목표나 의도를 숨기는 능력이 탁월해야 한다. 상대를 재미있고 흥미진진한 이야기 속에 빠뜨리는 이야기꾼, 이것이 헤드페이크에 능한 스토리텔러들이다. 이야기가 그토록 힘이 센 이유는 이야기가 담고 있는 은유, 즉 헤드페이크 덕분이다.

다시 버락 오바마의 강연으로 돌아가자. 그의 강연에서 헤드페이크를 발견했는가? 위의 연설에서 오바마 대통령은 이런 메시지를 전하고 싶어했다.

"끊임없이 근원적인 가치에로 회귀하는 삶의 자세야말로 오히려 인간의 진보를 꾀하는 획기적 첨경이다."[4]

이름 석 자만으로 선택되는 삶, 퍼스널브랜드로 사는 방법의 지름길로써 '스토리텔링'을 연구하면서, 과제는 두 가지로 압축되었다. 하나는 대체 왜 스토리텔링인가 하는 것이다. 나는 그 근본이 궁금했다. 국내외 할 것 없이 소나기처럼 쏟아진 스토리텔링에 관한 수많은 책들이 저마다 답을 내놓고 있으나 근원적인 질문에 닿아 있지 않았다. '이야기는 기억하기 좋다. 그래서 이야기가 방법이다'라는 식의 스토리텔링의 특성에 관해서만 언급했다.

다른 하나는 기업이나 조직, 대통령이나 회장이 아닌 개인은 어떻게 스토리텔링하면 되는가였다. 연구 초기에 그동안 쏟아진 자료들을 거의 모두 읽고 다른 어느 때보다 허전하기 짝이 없었던 것은 스토리텔링이 그것을 수행하기에 필요한 모든 것을 이미 갖춘 사람들, 즉 권력이나 지위나 부를 가진 '일부 소수집단'을 위한 것으로 비쳐지고 있었기 때문이다.

그런데 이 두 과제가 헤드페이크라는 한마디로 해결되었다. 자신의 삶이 무엇을 이야기하는가를 파악할 수 있다면 누구든 스토리텔러가 될 수 있다는 결론에 다다랐다. 그런 점에서 랜디 포시 교수는 뛰어난 헤드페이크를 구사하는 선수였다. 앞서 언급한 스토리텔링의 귀재들도 다름 아닌 헤드페이크 선수들이었다. 그들은 관중들이 흥미를 느낄 만한 이야기를 들려주었고, 이야기를 듣는 이들은 저도 모르게 이야기 바이러스가 실어나른 메시지를 받아들였다.

월트디즈니도 헤드페이크의 귀재다. 그는 비록 스스로 만화를 그리거나 영화를 만들지는 않았지만 기업브랜드인 디즈니 자체는 헤드페이크 공장이다.

"가진 것에 대해 강하게 집착하면 더 큰 꿈을 향해 날아오르기 힘들다."

생각이 있는 어른들은 이 말이 무슨 뜻인지 금세 안다. 하지만 아이들은 어떨까? 아이들에게도 이해하기 쉬운 메시지일까?

디즈니에서 만든 애니메이션 〈업up〉은 바로 이러한 메시지를 전하는 내용이다. 평생 사랑하던 아내를 먼저 떠나보내고 아내와 오랫동안 살던 동네가 재개발되면서 집을 팔고 떠나야 하는 입장에 처한 주인공 할아버지. 아내와의 추억을 되씹느라 다른 것은 안중에도 없는 노인은 집을 버리고 떠날 수 없어 기상천외한 방법으로 집을 보호한다. 풍선을 달아 집을 통째로 띄우는 것. 이 우연한 여행에 한 꼬마가 동행하게 되고, 주인공은 꼬마로 인해 세상을 향해 마음을 열게 된다. 풍선이 한두 개씩 터져 집이 땅 위로 떨어지려 하자 노인은 집 안에 있던 추억이 깃든 살림살이를 하나씩 내다버려 집을 다시 날게 한다. 바로 이 대목이다. 버리지 않고서는 날 수 없다는 것을 아주 쉽고 간단하게 아이들과 어른들에게 전한다.

"사자가 죽으면 풀로 돌아가고 초식동물이 풀을 먹고 사자는 초식동물을 먹는다. 이처럼 모든 생명은 돌고 도는 순환 속에 있으며 그러므로 모든 생명은 자연의 조화와 균형 속에서 살아야 한다."

당신이라면 이같은 메시지를 어떻게 당신의 어린 자녀들에게 전달할 수 있을까? 디즈니는 애니메이션 속에 그같은 주제를 녹였다. 아이들은 〈라이언 킹〉 만화영화를 보며 그 속의 이야기에 빠져든다. 영화를 다 보고난 다음에는 누가 따로 가르쳐주지 않았어도 돌고 도는 생명계의 순환에 대해 어렴풋이나마 이해하게 된다. 무엇보다 아이들은 생명체는 어느 것 하나도 소홀히 대할 수 없다는 경외감을 갖게 된다. 단지 〈라이언 킹〉을 보았을 뿐인데……. 이것이 이야기의 힘이다. 이것이 이야기가 다른 어떤 마케팅 방법론보다 탁월하다는 증거이고, 성공하는 모든 것들에 이야기 바이러스가 담길 수밖에 없는 이유이며, 남다른 성공을 꿈꾸는 당신이 '이야기 바이러스'를 이해하고 도전해야 하는 결정적인 이유다.

예수도 부처도 이야기하기를 좋아했다. 그들은 '이야기하기'라는 방법으로 메시지를 전했다. 단지 재미있는 이야기를 말하고 들었을 뿐이지만, 그 속에 담긴 메시지는 이야기 바이러스를 타고 청중들에게 흘러들었다. 그리고 청중들의 내부에서는 이야기 바이러스가 자체 활동을 개시했다. 덕분에 예수와 부처의 이야기 속에는 청중이 이해하기 쉬운 비유와 사례가 가득했다.

이야기를 듣는 동안 청중들은 비유와 사례를 통해 메시지를 이해하며 마음의 빗장을 열었다. 그렇게 열린 마음속으로 트로이 목마가 진군해 들어갔다. 목마 안에는 메시지로 포장된 이야기 바이러스가 가득했고, 이야기 바이러스는 마음을 통해 기억창고에 저장됐다. 다른 기회에 청중들은 기억과 마음의 문을 열고 이야기를 꺼내 다른 이들에게 또 전하기 시작했다. 이렇게 이야기 바이러스는 시간의 꼬리를 물고 끝없이 전파됐다. 이것이 오늘날도 여전히 예수와 부처의 이야기가 회자되는 배경이다.

우리의 뇌는 많은 것을 접하지만 그 중 일부만 기억한다. 이야기가 그 중 하나다. 아무리 대단한 사실이라도 기억의 저장고에 오래 머물지 못하지만 이야기는 듣는 즉시 장기 기억 저장고로 넘어가 두고두고 머릿속에 남는다.

이야기의 진정한 힘은 오래 기억되고 전승된다는 것이다.

또 이야기하기의 매력은 메시지를 구체화하여 저장한다는 것이다. 간단명료한 사실 위주의 말이나 글은 청중의 배경지식과 이해도에 따라 제각각 이해된다. 하지만 이야기는 전하려는 메시지를 구체적으로 전달하여 더 오랫동안 더 또렷하게 기억 속에 남아 있게 한다.

「오우가」「어부사시사」로 유명한 고산 윤선도는 강직한 성품과 바른 인품으로 널리 알려져 있다. 만일 "고산 윤선도는 성품이 강직했고 인품이 반듯했다"라는 단순한 사실만 기록으로 남아 있다면 어떨까. 과연 그가 그랬는지, 어느 정도로 강직하고 반듯했는지 궁금증이 일면서 곧 잊힐 것이다. 하지만 전해지는 다음 이야기를 들어보자.

> 고산 윤선도 선생은 의술에도 남달랐다. 정적이었던 원두표가 와병 끝에 죽을 지경에 달했다. 누군가 고산의 처방을 쓰면 낫겠다 하였다. 정적이고 뭐고 가릴 지경이 아니었다. 아들 원만석이 고산을 찾았다. 선생의 약 짓는 손길에 아들 만석은 절로 고개가 숙여졌다. 하지만 철천지원수가 지은 약을 먹어선 안 된다고 말리는 사람이 많았다. 원두표는 고산을 알기에 약을 먹었다. 나중에 자리를 떨고 일어난 그는 "윤선도와 원수를 맺지 말아라. 그는 나의 은인이다"라고 했다.

정적도 안심시키는 인품이니 윤선도 선생의 사람됨이 구체적으로 어떠한지 알고도 남음이 있다. 고산 선생의 인품에 관한 이야기는 또 있다.

> 우암 송시열이 제주도로 배를 타고 유배를 가다 보길도에 내렸다. 몸이 불편했던 우암 선생은 윤선도에게 약방문을 받아오게 했다. 윤선도에게 약방문을 받아온 우암의 아들은 약을

짓지 못하게 했다. 처방에 비상이 들어 있을 것이라 생각했기 때문이다. 그러자 우암은 꾸짖었다. "너는 고산을 모르느냐?" 그 말은 고산 선생이 아픈 이를 두고 사사로운 편견에 휘둘리지 않을 것이란 얘기였다. 결국 우암의 아들은 고산 선생에게 받아온 약방문대로 약을 지어 아버지께 올렸고 우암은 씻은 듯이 나았다. 고산은 평소 송시열이 자신의 오줌을 약으로 먹고 있었는데 오줌독이 쌓여 병에 걸린 것을 알고 약을 지었던 것이다.

두 이야기를 읽는 순간, 기억하려고 애쓰지 않아도 이미 당신의 뇌에는 윤선도 선생의 성품이 어떠했는가가 저장되었을 것이다. 이후 두고두고 필요할 때마다 당신은 윤선도 선생의 이야기를 말하게 될 것이다.

우리의 생각, 경험, 지식과 같은 무형의 자산들은 이야기로 정리되고 기억되고 저장된다. 이것이 이야기의 힘이다. 이것이 기업들이 스토리텔링 마케팅에 몰입하는 이유다.

세상은 당신의
이야기를 탐낸다

이름난 화가들은 대부분 자화상을 그
렸다. 이름난 소설가들은 자전소설을 썼다.
그들은 "자신이 누구인가를 알아보고 싶은
욕구 때문에" 자화상을 그리고 자전소설을 썼다고 말한다.

> 어느 날 내게 존재하지
> 않는다면 나는 더할 수
> 없이 슬플 것이다. 영원히
> 눈물이 그치지 않을 것이다.
> — 닐 기유메트

당신이 자화상을 그린다면 어떤 모습일까? 만약 자화상 그리기
에 관심이 없다면 당신은 혹시 매스컴에서 쏟아내는 유명인들의 신
화에 빠져 있지는 않은가? 신문에서 읽고 잡지에서 읽고 채널을 돌릴
때마다 터져나오는 그들의 이야기도 모자라 인터넷으로 실시간 검색
까지 해가며 그들의 삶을 소비하고 있지는 않은가? 그래서 정작 당신
자신의 이야기에는 관심조차 없는 게 아닐까?

그러나 잊지 말자. 그들의 이야기는 고도의 소비를 촉진하도록
의도된 상업적인 콘텐츠의 일부일 뿐이다. 그것은 어디까지나 감상
용일 뿐, 당신에게 어떤 실제적인 힘도 부여하지 못한다. 그저 남의

이야기에 불과하다.

『조선일보』는 1억 원의 상금을 걸고 보통사람들의 이야기 논픽션을 공모한다.《신동아》에서도 오랫동안 평범한 사람들의 이야기 논픽션을 공모해왔다. 여기에 더해 '대한민국 문학&영화 콘텐츠 대전'은 3억 원의 상금을 걸고 미래를 변화시킬 힘있는 이야기를 찾는다고 광고한다. 평범한, 아니 평범하기 때문에 인정받는 이야기가 문화콘텐츠가 지배하는 이 시대의 주인공이다. 이같은 시대적 요구를 절감하는 나는 "당신도 당신의 이야기를 만들고 퍼뜨려라"라고 권하는 게 일이다.

"당신의 이야기를 개발하여 블로그에 쓰고 책으로 쓰고 칼럼으로 쓰고 강연에서도 말하라"는 나의 권유를 접하는 대부분의 사람들은 화들짝 놀란다. 그와 동시에 "내게 무슨 할 이야기가 있다고……"라며 겸손인지 사양인지 모를 대답을 한다. 이어 "그런 이야기는 내로라 하는 사람이나 하는 거 아니냐"고 되묻는다. 책이나 블로그에 쓸 만한 이야기를 가진 사람은 정해져 있으며 자신은 그런 사람이 못 된다는 것이다. 나는 대꾸 대신 수많은 평범한 사람들이 써낸 이야기를 보여주고 들려준다. 그 이야기들에 환호하는 대중들의 모습도 보여준다.

요점은 대부분의 사람들이 '이야기 쓰기'는 내가 할 일이 아니라는 생각에 묶여 아무것도 하지 않는 동안 다른 많은 사람들은 이야기를 썼다는 것이다. 그들은 이야기가 뭔가 묻기 전에 쓰기 시작했고 책으로 출간했으며 많은 이들이 그들의 이야기를 읽고 환호했다. 당신이 모르고 있는 사이 지금 저쪽에선 이야기 쓰기가 한창이란 말이다.

황안나 씨는 예순다섯 살이던 2006년, 전라남도 땅끝에서 강원도 고성까지 우리나라 땅을 걸었다. '나는 젊지도 않은데 왜 이렇게 걸으려 하는가'와 같은 골치아픈 것은 생각하지 않고 다만 걸었다. 돌아와서는 그 여정, 한 걸음 한 걸음을 글로 옮겼다. 이번에도 '내가 누구라고 글을 써? 책을 내?' 같은 생각은 하지 않았다. 그녀는 한꺼번에 두 번이나 이야기를 썼다. 한 번은 몸으로 한 번은 글로. 그녀가 쓴 이야기는 책으로 출간되었는데,『내 나이가 어때서』다.

조재권 씨는 경상남도 울산의 현대중공업에 근무하는 직장인이다. 인사팀에서 직원가족 돌보는 일을 맡고 있는 그의 별명은 '영자아줌마'다. 남편보다도, 아빠보다도 더 알뜰하게 자신들을 살펴주는 조재권 씨에 대한 직원가족의 애정이 듬뿍 담겨 있는 호칭이다. 그는 수년째 같은 일을 하면서 가족의 행복이 직장의 행복이고 나아가 사회의 행복임을 뼈저리게 통감하고 그 생각들을 책에 담았다.『대한민국 행복까지 챙겨라』는 그렇게 탄생한 행복한 이야기다. 이 책에는 조재권 씨가 가족 행복이라는 화두를 품게 된 배경과 가족 행복의 전도사가 되어 목소리를 높이고 있는 지금까지의 역사가 낱낱이 기록되어 있다. 그러니 이야기가 아니고 무엇이겠는가?

우재오 씨는 지금 출판사에서 일하는 건장한 청년이다. 그는 패션문화산업의 첨병이 되겠다는 야심을 품고 삼성그룹의 계열사인 제일모직에 입사했다. 그러나 그곳에서는 자신의 꿈을 이룰 수 없다고 생각한 그는 입사 3년 만에 '삼성'을 뛰쳐나와 자신의 삶을 도모한다. 그리고 얼마 되지 않는 퇴직금과 저축한 돈을 털어 캐나다 밴쿠버로

건너가 어학원을 창업한다. 세상에 녹록한 일이 어디 있으랴? 결국 돈도 잃고 시간도 잃었지만 그는 소중한 경험을 얻었다. 낯선 땅에서 자기 사업을 하며 겪은 좌충우돌, 몸으로 겪어낸 이야기들은 『나는 삼성보다 내 인생이 좋다』는 이야기로 묶였다.

　책으로만 이야기를 하는 것은 아니다. 그야말로 평범한 회사원 김재형 씨는 자신의 여행담을 '호키포키의 일기'라는 사이버공간에 담고 있다. 5년 전 해외여행을 준비하는 사람들이 자신의 경험을 공유하면 좋겠다 싶어 시작한 이 공간은 이제 단순한 여행일기를 넘어 결혼하여 한 여자의 남편이 되고 아이를 낳아 아버지가 된 이야기까지 담고 있다. 김재형 씨 가족에게는 이 공간을 운영하는 것이 바로 이야기 쓰기다. 훗날 어느 시점에서, 살아온 시간을 한꺼번에 반추하며 쓰는 전형적인 이야기가 아니라 지금 여기에 살며 그때그때의 사실과 감정과 흔적들을 정리하기에 그 일기에는 이 가족의 삶의 결과 향이 고스란히 살아 있다.[5]

평범한 일상으로 위장한 위대함

　TV를 켜면 이른바 '리얼리티 프로그램' 천국이다. 프로그램 사이사이 드나드는 광고도 현실세계를 고스란히 보여주는 것이 많다. 서점에 가도 '보통사람들'이 쓴 책이 많이 보이고, 그 중 또 많은 책들은 평범한 삶을 이야기하고 있다. 이러한 추세가 의미하는 것은 '나와는 다른' 대단한 사람들의 이야기에 식상한 대중들이 일상적인 소재, 나와 다를 바 없는 일반인들의 이야기를 좋아하게 되었다는 것이다. 흔하고 평범하다는 이유로 방치했던 일상을 새로운 눈으로 들여다보게 되었다는 것이고, 그 결과 그만의 가치를 발견하게 되었고 그로 인해 마침내 모든 '평범함'에 무게가 실렸다는 것이다.

스티븐 코비 박사가 엮어낸 『오늘 내 인생 최고의 날』은 세계적으로 가장 많이 읽히는 잡지 『리더스다이제스트』에 실려 전 세계 사람들을 감동시킨 평범한 사람들의 '위대한 이야기'를 담고 있다.

사고로 언어능력에 손상을 입어 의사조차 치료를 포기한 아이를 온 가족이 정성을 다한 끝에 치료에 성공한 이야기, 슈퍼마켓에서 포장하는 일조차 경험이 없어 쫓겨날 뻔했다가 성공한 한 개그맨 이야기, 세상에서 가장 추악한 교도소에서 수용자들에게 헌신하는 수녀 이야기, 전쟁의 포화 속에서도 사람들에게 희망을 불어넣기 위해 연주를 멈추지 않는 첼리스트의 이야기……. 이런 이야기들은 한결같이 가슴 찡한 감동을 불러일으키고 삶에 대한 희망과 용기와 열정을 선사한다.

중요한 것은 이 이야기들의 주인공이 우리의 이웃이라는 점이다. 다시 말하면 당신의 이야기도 스티븐 코비 박사에 의해 세계적인 위대한 이야기로 소개되는 데 아무 문제가 없다는 것이다.

많은 연구자들은 위대함과 평범한 성스러움과 세속적인 것 사이에는 차이가 없다고 이구동성으로 결론 내린다. 그들의 설명에 따르면 당신 한 사람에게는 평범하기 그지없는 이야기들이 당신 이외의 사람에게는 참으로 위대하게 비쳐질 수 있다는 것이다. 한 기자가 『연금술사』의 작가 파울로 코울료에게 "당신은 평범하지 않은 청년기를 보냈다고 들었다"고 하자 코엘료는 이렇게 말했다.

체 게바라와 같은 급진적인 혁명가에 심취해 있었던 열일곱 살에 부모의 손에 이끌려 정신병원에 입원했다. 엄한 부모님은 그런 나를 미쳤다고 생각하여 그렇게 한 것이다. 곧 퇴원은 했지만 내 마음은 황량했다. 부모조차 사랑해주지 않는 자식이라면 누구에게도 사랑받을 수 없을 것이라고 생각했다. 마약에 손댔고 자살을 시도했다. 네 번의 결혼과 세 번의 이혼을 경험했다. 이 정도면 평범한 것 아닌가.[6]

우리는 모두 위대한 보통사람

체코의 국민작가라 칭송받는 카렐 차페크가 쓴 『평범한 인생』을 읽으면 누구라도 이야기를 쓰고 싶은 충동에 휩싸인다.

"예부터 이야기라면 위대한 정치가나 유명인사, 대재벌들의 것이었다. 그러나 가난하고 별볼일없는 평범한 사람들의 이야기 한 권쯤 나올 때가 됐다"라는 문장으로 시작하는 이 소설은 한 작은 시골마을에서 역과 철로를 지키는 간이역장의 일생을 다룬 이야기다.

친한 친구가 죽었다는 소식과 친구가 자신의 삶을 다룬 기록을 남겼다는 말을 동시에 들은 주인공 포펠 씨는 마치 죽은 사람의 손을 만지는 듯한 느낌으로 그 기록을 본다. 친구는 심장마비를 일으키고 주변을 정리해야겠다는 충동을 느끼면서 어떻게 그 느낌이 일었는가를 분명히 하기 위해 당시의 정황을 자세히 기록했다. 그러면서 아예 자신의 전 생애를 짧막하게 기록했다.

철도 공무원으로서 평범하게 일생을 살아왔다고 생각한 주인공은 친구의 기록을 통해 '비일상적이고 극적인 일은 아무것도 일어나

지 않았으며 기억나는 것이라곤 조용하고 당연해 보이는, 거의 기계
적인 세월의 흐름이어서 조그맣고 규칙적인 행복 외에는 예외적인
별난 모험이랄 게 없었던 삶'이 그럼에도 정리할 무엇이 있다는 것에
크게 놀란다.[7]

   이 소설의 주인공처럼 너무 평범하여 볼품조차 없어 보이는 많은
다른 이들의 인생이 그럼에도 불구하고 이야기란 이름으로 정리되고
기록되어왔다는 것에 당신도 놀랐을 것이다. 미국의 정신과 의사이
자 아프리카, 아시아, 호주에서 25년간 봉사활동으로 세상을 두루 경
험한 존 슈메이커는 자신의 저서 『행복의 유혹』에서 이렇게 말한다.

   행복은 우리 사회에서 가장 강력한 판타지다. 만일 당신이 행
   복이 무엇인지 쉽게 정의할 수 없다면 그건 이유가 있다. 행
   복은 작은 것 순간적으로 스쳐가고 마는 소소한 것 안에 조용
   히 얼굴을 숨기고 있기 때문이다. 스펙터클한 그 무엇과 행복
   이 연결될 가능성은 정말 낮다.[8]

   존 슈메이커의 이 말을 빌려 말하면, 이야기를 써야 마땅한 위대
한 인생이란 대단한 스펙터클을 가진 소수의 인생이 아니라 사소함
으로 위장한 평범한 일상을 살아내는 우리 모두의 인생이다. 작가 안
나 가발다는 소설 『나는 그녀를 사랑했네』에서 이렇게 당신의 평범한
인생을 응원한다.

   삶이란 네가 아무리 부정하고 무시해도 너보다 강한 거야. 그

무엇보다 강한 것이 삶이거든. 전쟁 중에 인간의 가장 추악한 모습을 본 사람들도 돌아와서는 아이를 만들었어. 어떻게 그럴 수 있는가 싶겠지만 인생이 그런 거야.[9]

평범한 사람들의 이야기를 결코 평범하지 않게 그려내는 솜씨가 탁월한 이준익 감독은 "평범한 인생이 그 이상의 것을 얻으려면 삶에 맞장뜨고 열심히 살아야 하며, 가장 중요한 것은 자신을 의심하지 않는 것"이라고 일갈한다. 이제 알겠다. '평범함'이란 말의 진정한 의미를. 결론인즉, 당신은 이미 위대하기 때문에 평범한 것이다. 평범은 위대함의 위장술이다. 평범한 사람들이 이야기를 쓰는 이유, 더 나아가 당신이 평범하다고 여길수록 이야기를 써야 하는 이유는 무엇일까. 닐 기유메트 신부가 지은 책 『내발의 등불』 중에 나온 한 편의 우화를 읽으며 그 의미를 생각해보기 바란다.

막내 천사 미니멜은
가장 보잘것없고 완벽하지 않다고 생각한 나머지
신께 투정했습니다.
"천사라서 자살할 수는 없고, 차라리 나를 없애주세요."
신이 대답하셨답니다.
"세상에 피에타 상이 수백만 개 존재하고,
나이아가라 폭포가 수백 개,
에베레스트 산이 수백 개 존재한다고 한번 가정해봐라.
그것들은 더 이상 독창적이지 않으니

그 절대적인 매력을 잃지 않겠느냐?

나의 창조물을 자세히 보아라.

어떤 눈송이도 똑같이 생긴 것이 없다.

나뭇잎이나 모래알도 두 개가 결코 똑같지 않다.

내가 창조한 모든 것은 하나의 '원본'이다.

따라서 각자 어떤 것과도 대치될 수 없는 거란다.

너의 경우를 예로 들어보자.

나는 너 없이도 세계를 창조할 수 있었지만,

만일 그랬다면

세계는 내 눈에 영원히 불완전한 것으로 보였을 것이다.

너를 미카엘이나 라파엘로 만들 수도 있었다.

그렇지만 나는 네가 너로서 존재하고 나의 고유한 미니멜이

기를 원한다.

태초부터 내가 사랑한 것은 남과 다른 너였기 때문이다.

너는 내가 오랜 세월 꿈꿔온 유일한 미니멜이다.

따라서 어느 날 네가 존재하지 않는다면 나는

더할 수 없이 슬플 것이다.

영원히 눈물이 그치지 않을 것이다.[10]

당신의 자화상은 당신 손으로 그려라

온전한 자기 자신으로 살려면 내 삶의 주도권은 내가 행사하며 살아야 한다. 하지만 생각보다 많은 사람들이 주도적으로 살기는커녕 다양한 이유로 남들에게 휘둘리며 산다. 내가 아닌 남이 규정하는

나로, 내가 원하는 것이 아닌 그들이 원하는 대로 사느라 애로가 많다. 반면 힐러리 클린턴과 버락 오바마는 매우 영민한 사람들이다. 힐러리는 『살아 있는 역사』를, 오바마는 『내 아버지로부터의 꿈』이라는 자기의 이야기를 썼다. 이들은 자기 입맛에 맞는 초상화, 즉 자화상을 그려 그림이 돋보이는 액자에 끼워 사람들이 잘 보이는 곳에 걸었다. 사람들은 근사한 액자에 끼워진 멋진 자화상을 통해 그들을 다시 바라보았다. 보통사람들 눈에 비친 그들의 자화상은 하나의 명화였다.

그런가 하면 2004년 미국 대통령선거에서 민주당 후보로 나섰던 존 케리는 덜 영민했다. 언론이 "우유부단하고 비사교적이며 요트나 타는 팔자 좋은 사나이"라는 타이틀이 붙은 초상화를 전시하자 부랴부랴 "알고 보면 나도 베트남에 참전하여 용감하게 싸운 사나이다"라는 내용의 자화상을 그렸다. 이미 미운털이 박힌 그에 대해 언론은 "필요할 때마다 베트남전을 우려먹는 치졸한 사람"이라는 덤터기를 씌워버린다.[11]

당신의 초상화는 당신 손으로 직접 그려야 한다. 다른 이에게 당신의 이미지를 내맡기지 말자는 얘기다. 한번 잘못 칠해진 그림은 덧칠로는 바로 잡기 힘들다. 더 추해질 뿐이다. 애초에 다른 사람이 편견과 선입견으로 당신을 재단하고 이어붙이지 못하도록 당신이 먼저 자신을 그려 보여주어야 한다. 조지 허버트 W. 부시(부시 전 대통령의 아버지)도 자신의 이야기 『맡아야 할 본분』에서 이렇게 말했다. "다른 사람들로 하여금 자신을 정의하게 해서는 안 된다."

2000년부터 해마다 거액을 들여 마침내 6,000억 원대의 장학재단을 만든 이종환 삼영그룹 회장이 8년 전 처음 1,000억 원을 내놓을 때만 해도 뒷공론이 무성했다. 그의 출연소식과 거의 동시에 부인이 이혼 및 거액의 재산분할을 청구했다는 소식이 들려왔기 때문이다. 삼영화학 창업 50주년을 맞아 2008년 5월 출간한 이야기 『정도(正道)』에는 이 회장의 기부에 대한 설명이 잘 나와 있다.

> 내가 돈을 모은 시절에는 버는 방식이 거칠 수밖에 없었다.
> 록펠러도 불법거래, 정경유착, 노조탄압으로 재산을 모았지
> 만 말년에 사회에 다 내놓고 갔다. 악인과 선인이라는 세간의
> 잣대를 많이 생각한다. 지난 내 인생에도 분명 선악이 있다.
> 다만 남은 생은 선으로 악을 씻는 일에 매진할 것이다.[12]

이로써 수년 동안 계속되었을지 모를 기부에 관한 루머가 마무리 되었다. 그는 사람들의 입방아를 무시하거나 못하게 가로막는 어설 픈 방법 대신 자신의 초상화를 손수 그렸다.

우리나라 선거판도 크든 작든 자서전 출판기념회를 필두로 열린 다. 이명박 대통령이나 노무현 전 대통령도 예외없이 자전이야기 출 간으로 선거전의 포문을 열었다. 전직 미국 대통령 빌 클린턴은 자신 의 이야기 『빌 클린턴의 마이 라이프』를 통해 자신을 재창조했다. 그 는 유년시절, 아버지가 여러 번 바뀌는 가족사를 경험했고 이같은 어 린 시절의 상처는 대통령을 그만두기 직전까지 성희롱 스캔들에 시 달리는 원인이 되었다고 이 책을 통해 밝혔다. 클린턴은 고통스러웠 던 어린 시절 갖게 된 불안감이 불륜을 비롯한 자신의 모든 실수의 원 인이라고 밝힘으로써 다른 사람들이 짓이겨놓은 자신의 초상화를 손

질했다. 숨기고 싶었던 이야기를 손수 채색하여 발표하자 그의 이야기는 '위대함'을 가능하게 한 시련의 밑그림으로 빛났다.

버락 오바마도 『내 아버지로부터의 꿈』에서 "이 책이 이야기라 불리든 회고록이라 불리든, 혹은 가족사나 또 다른 어떤 것으로 불리든 상관없이 이 책을 쓰면서 내가 생각했던 목적은 내 생애의 한 부분을 정직하게 털어놓고 설명하자는 것이었다"고 말했다. 사실 그는 이 책에서 자신의 모든 것을 낱낱이 고해했고 나중에 민주당 대통령 후보로 출마했을 때 언론이나 상대 후보로부터 받을 그 어떤 공격도 미리 막아냈다. 그는 다른 사람이 자신을 임의로 그리는 것을 허락하지 않았다.

비록 씻을 수 없는 죄를 지은 사람이라도 자식에게 한 점 부끄럼 없는 아버지로 기억되기를 바라는 심정은 당연한 것이다. 2005년 7월, 영국 런던에서 자살폭탄 테러를 일으켰던 범인은 범행에 앞서 생후 6개월 된 딸에게 마지막 작별인사를 했고, 이 모습을 비디오테이프에 담아두었다. 그는 이렇게 말했다. "아가, 아빠는 이슬람의 미래를 위해 이 일을 하는 것이며 알라신이 너를 지켜줄 것이다." 범인은 세상의 잣대로는 처형되어 마땅한 위법자지만 이슬람의 잣대로는 '순교자'임을 어린 딸에게 자신의 입으로 일러주고 싶었던 것이다. 딸에게 보여주고 싶은 자화상을 스스로 그린 것이다.

지난 17대 대선 당시, 대통령 후보로 거론되던 정운찬 전 서울대 총장은 공식적으로 대선에 나가지 않겠다고 천명한 후 몇 달 안 되어 『가슴으로 생각하라』라는 제목의 책을 냈다. 그는 책 서두에서 대선 후보 논의에 종지부 찍은 후 "요즘 어떻게 지내십니까?"라고 묻는 사람이 많다며 책을 쓰게 된 계기를 설명하고 있다. 그는 언론이나 제 3자가 임의로 자신을 평가하고 이미지를 손상시키는 것을 가로막았다. 대신 손수 쓴 책으로 자신의 생각을 조곤조곤 밝혔다.

휴렛팩커드(HP)에서 쫓겨나다시피 하며 물러난 칼리 피오리나 전 회장도, 가톨릭 신부와 결혼하여 사회적인 관심을 불러일으켰던 홍보전문가 조안리 사장도, 탤런트 고 이은주 씨 자살사건과 맞물려 비난을 받던 가수 전인권 씨도 모두 자전에세이를 통해 자신의 입장을 설명하고 '틀린 것'을 바로 잡았다. 가수 조영남은 자신의 사랑 경험을 담은 『어느 날 사랑이』라는 책을 통해 '조영남은 소문난 바람둥이'라는 세간의 인식에 대해 해명했다.

고(故) 노무현 전 대통령은 대통령 재직 시절 기록물을 복사하여 따로 보관하는 이유가 이야기를 쓰기 위해서라고 했다. 진실공방을 떠나 '이야기를 쓰기 위해서'란 해명은 그럴듯하다. 지나놓고 보니 일방적으로 매도당했던 재임에의 추억이 못내 억울하여 자화상을 그리고 싶었는지도 모른다. 어쨌든 우리의 입에 오르내린 리더들은 모두 자신이 그리고 싶은 대로 손수 자화상을 그렸다.

당신은 이렇게 항의하고 싶을지도 모른다. 이름만 대면 알 만한 리더가 아니라서 고쳐쓸 이야기가 없다? 그럴지도 모른다. 하지만 당신 자신에게 그리고 당신의 가족에게 또 대대손손 이어질 당신의 후손에게 당신은 얼마나 소중한 사람이며 얼마나 위대한 리더인가.

당신의 이야기를
써야만 하는 이유

디즈니 애니메이션 〈업〉에는 주인공
칼 할아버지의 생애와 그의 이야기를 견인
하는 매우 중요한 소품 하나가 나온다. 장

차 칼의 아내가 될 한 모험소녀가 만들어가는 스크랩북이다. 모
험소녀로서의 꿈과 그 꿈을 이뤄가는 이야기를 담은 이 스크랩북의
제목은 '마이 어드벤처 북'. 스크랩북에 담긴 메모와 쪽지와 그림과
각종 흔적들은 칼과 엘리, 두 커플의 삶 그 자체다.

그들은 하고 싶은 것에 도전하고 그것을 이루기 위해 노력하는,
꿈과 일치된 삶을 살았고 평생을 함께하는 두 사람의 삶과 꿈과 사랑
과 모험에 대한 열정은 하나하나의 이야기로 스크랩북에 고스란히
기록되어 있다.

심리학자 융은 "사는 것이 버거운 것은 자기 자신이 되지 못하기
때문"이라고 했다. 그런 까닭에 그는 버겁다 못해 병약해진 사람들에

게 필요한 치유란 자기 자신이 되는 것이라고 했다.

인간은 모두 태어날 때 주먹에 신이 주신 재능이 적힌 돌멩이 하나를 쥐고 나온다고 한다. 그런데 성장하면서 주먹을 펴는 순간 손에 쥐고 있던 선물을 놓쳐버리고 이후 이 선물을 찾느라 평생을 헤맨다는 이야기가 있다. 이 우화는 당초 우리에게 주어졌던 선물을 찾아내는 것이 우리의 일생일대의 과제라는 의미를 담고 있다. 자기 자신이 된다는 것은 이처럼 본래의 모습을 알아가는 것, 혹은 본래의 모습을 찾아내는 것이다.

자기 자신이 된다 함은 타고난 재능과 임무대로 창조주의 기획 의도대로 사는 것을 말한다. 자기 자신이 되고 자기 자신을 찾기 위해 우리가 시도하는 여러 가지 방법이 많지만 나는 이야기를 써보라고 권한다. 이야기 쓰기는 생각했던 것보다 훨씬 많은 선물을 준비하여 원래 당신의 모습을 기다리고 있다.

인생이란 종교의 순례

작가 파울로 코엘료가 작가로서의 인생을 본격적으로 살게 된 것은 산티아고를 걷고 난 후의 일이다. 잘 알려진 것처럼 산티아고 길이란 가톨릭 신자들의 성지순례 길이었으나 요즘은 연간 600만 명 이상이 모여드는 인생의 순례 길로 더욱 유명하다. 코엘료가 산티아고 순례 길을 걷기로 한 것은 서른여덟 살, 작가로 살겠다고 선언한 이후의 일이다. 집필활동에 대한 어떤 지식도 없었고 당연히 단 한 줄도 쓸 수 없었던 그는 산티아고의 이 길을 걸으며 무엇을 하고 싶은지, 좋아하는 일이 무엇인지에 대해 집요하게 고민했고 돌아올 무렵 작가로 살 것을 결심했다.

물리적인 길을 걷기 위해 이곳으로 사람들이 몰려드는 것은 아닐 것이다. 단순히 이국적인 풍광을 눈에 담기 위해서도 아닐 것이다. 그들은 '등이 휠 것 같은' 사연을 짊어지고 버거운 걸음을 옮기며 이후 자신들이 걸어가야 할 영적인 방향을 찾고자 한 것은 아니었을까. 아닌 게 아니라 이 길을 걸었던 수많은 사람들은 자신을 돌아볼 수 있는 자연스러운 계기를 가졌다고 소감을 들려준다. 길을 걸으며 자신을 성찰한 결과다. 집이라는 익숙하고 편안한 공간을 떠나 험하고 불편한 곳을 걸으며 그 오랜 여정을 통해 자신에게 부과된 삶의 방향을 깨닫고 또 지혜도 얻게 되는 방법론은 전혀 새롭지 않다.

신화학자 조셉 캠벨이 말하는 신화 속의 영웅들도 모두 안전지대를 떠나 갖은 위험을 무릅쓰고 인생의 의미를 찾아 삶의 지대로 귀환한다. 어떻게 보면 스스로 성찰의 길을 떠나 깨달음을 얻고 제자리로 돌아올 수 있다면 우리는 그가 말한 영웅일지 모른다.

말이 좋아 800킬로미터지 유럽까지 건너가 그 험한 길을 걷는 것 또한 결코 쉬운 일이 아닐 것이다. 오죽하면 "걷기 쉬우면 산티아고 길이 아니다"는 말이 순례객들 사이에 전해질까. 미국의 교육학자 파커 J. 파머는 그럼에도 불구하고 떠날 수밖에 없는 순례여행의 가치를 이렇게 설명한다. "위험천만한 지형과 악천후 속에서 넘어지고 길을 잃는 등 감당하기 힘든 어려움을 겪다보면 눈가림하던 에고라는 환상이 사라지고 드디어 참자아가 모습을 드러낸다. 많은 여행과 고통을 통해 환상을 벗어나는 날, 우리는 문득 성지가 바로 지금 여기에 있음을 깨닫는다."[13]

누구나 배낭을 메고 그 먼 곳까지 걷기에 나설 수 있는 것은 아니다. 또 걷는 것만이 유일한 방법인 것도 아닐 것이다. 인생이라는 종교의 성지를 순례하는 방법은 사람에 따라 얼마든지 다양할 수 있고, 나는 '이야기 쓰기'라는 방법을 권한다.

이야기 쓰기는 당신만의 산티아고를 걷는 길이다. 이야기를 쓰며 현재를 점검하고 새로운 인생 여정에 대비하게 된다. 물론 이야기 쓰기가 800킬로미터의 산티아고 길 걷기보다 수월하다는 것은 아니다. 산티아고는 걸으면 걸을수록 목적지에 가까이 다가가지만 이야기 쓰기는 마음먹기부터 무엇을 쓸까 고민하고 그것을 글이나 다른 방법으로 표현하기까지 산 넘어 산이다. 걸음을 내디딜수록 괜히 시작했다는 후회와 갈수록 어려워지는 과정에 손들어버리는 경우도 허다하다. 예상치 못한 복병에 순간순간 해결해야 할 어려움도 숱하게 많을 것이다.

하지만 일단 시작하기로 하자. 시작하면 그 다음부터는 시작의 서슬이 모든 기운을 움직인다. 코엘료도 한마디 거든다.

> 아무리 준비를 철저히 해서 와도 정작 이곳에 와보면 많이 다릅니다. 중요한 것은 현장에서 부딪혀 보는 것이에요. 결심을 했을 때 그냥 첫발을 떼세요. 일단 길을 나서게 되면 영적인 무언가가 우리를 끝까지 인도하게 될 것입니다.[14]

산티아고를 걷고 난 순례자들이 들뜬 표정으로 나름의 해답을 얻고 돌아오듯 이야기를 써낸 사람들도 마찬가지다. 생각지 못한 어려움과 함께 뜻밖의 결실도 얻는다. 이야기 쓰기를 감행해 포기하지 않고 끝을 본 사람들은 기대 이상의 효과를 보았다고 증언한다.

소설가 이원호는 자신의 이야기를 쓰면서 글쓰기 공부를 했고 그 여세로 첫해 400만 권이나 팔리는 소설가가 됐다. 잘나가는 무역업자로 살면서 화려한 생활을 누리다 부도를 당해 쫓겨다니게 되자 그는 생각했다. '부도 맞아보지 않은 사람은 이 어려움을 모를 것이다. 이 괴로움을 글로 표현해보자.' 그런 마음으로 시작하여 사업을 한답시고 보낸 20여 년을 갈무리하는 이야기를 썼다. 이 이야기가 책으로 나오자 출판사를 경영하는 후배가 이를 예사롭지 않게 지켜보았고 마침내 그의 설득으로 기업소설을 쓰게 됐다.

두 권의 소설책을 출간한 이춘해 작가는 여느 여자들처럼 오랜 시간 전업주부였다. 지금처럼 소설가라는 명함을 가지게 될 줄은 꿈에도 생각지 못하고 살았었다. 그러던 중 믿었던 남편이 바람을 피웠다. 배신감에 겨운 춘해 씨는 그 이야기를 써 자전소설을 냈다. 이 소설이 의외로 반응이 좋아 두 번째 책까지 냈다.

니코스 카잔차키스의 자서전에는 어릴 때의 에피소드들이 아주 세세하게 묘사되어 있다. 가령 세 살 때 맡았던 어느 여인의 체취며 별을 처음 본 순간, 1년 내내 말린 포도가 폭우에 휩쓸려간 순간 등이 또렷한 기억을 바탕으로 소개되었다. 그가 이처럼 사소하기 짝이 없는 기억들까지도 책에 소개하는 것에 대해 그는 "꿈에서처럼 언뜻 보기에 하찮은 사건들이 어느 정신 분석가보다도 더 영혼의 참되고 꾸밈 없는 얼굴을 잘 드러낸다"고 믿었기 때문이라고 썼다.

요컨대 이야기 쓰기는 자기관리나 자기성찰이라는 이름으로 당신에게 꼭 필요한 전환점을 제공한다는 것이다. 이야기를 쓰는 동안은 자기성찰을 바탕으로 살아가는 전략을 점검하고 다시 구상하는 하프타임이다. 바로 이것이 당신의 나이, 환경, 직업, 필요성을 모두 떠나 이야기부터 쓰자고 권하는 절대적인 이유다.

이야기를 만들고 쓰는 동안 지금까지 생각하지 못했던 당신 가슴속에 짓이겨진 채 널브러진 관심과 흥미의 대상을 발견할 수도 있다. 좁은 목표에 갇혀 있던 삶에서 무한한 가능성의 삶으로 변환할 수도 있다.

2008년 8월, 전라남도 강진에서 2박3일 과정의 책쓰기 워크숍을 진행했다. 강진은 다산 정약용 선생의 학문적 고향으로 선생이 18년 동안 유배생활을 하며 500여 권의 책을 써낸 창조의 산실이다. 다산 정약용 선생의 정기가 어린 이곳에서 선생의 책쓰기 노하우를 배워보자는 것이 이 워크숍의 취지였다.

겉으로 드러난 취지는 그러했지만, 나의 속내는 좀 달랐다. 도시와 달리 수련원 건물만 휑뎅그렁하게(유배지였으니 오죽했겠는가) 놓인 시골마을, 들리는 것이라곤 매미 울음소리뿐인 곳에서 생각의 끝을 잡고 속으로 속으로 파고들다 보면 저마다의 내면으로 여행을 떠날 수밖에 없을 테고, 책으로 쓸 만한 테마 하나쯤 건져낼 수 있으리라 생각했다.

참가자들의 반응은 뜨거웠다. 처음엔 그들도 단 한 번도 내면에 웅크리고 있는 자아와 마주친 적이 없던 터라 당황스러워했다. 워크북에 실린 질문(이 책의 뒷부분에 실린 것들과 비슷한)들에 답하느라 끙끙대기도 했지만 생각이 막히면 다산초당을 산책하기도 하고 백련사

정원을 거닐기도 하면서 내면여행을 즐겼다.

책쓰기 워크숍에 참가한 이들 가운데 스피치 전문가인 김홍수 씨는 강연에 도움이 될 만한 책을 쓰려고 왔다가 자신의 테마를 찾아냈다. 그는 시에서 우리가 배워야 할 포인트를 짚어내 촌철살인의 멘트로 들려주는 탁월한 재능이 있음을 내면탐험 끝에 알아냈다. 블로그에 '흥부와 함께 읽는 시 100편'을 연재하면서 테마를 발전시키고 있다. 또 일러스트레이터인 방정혁 씨는 순수 창작물을 내고 싶다는 바람으로 워크숍에 참가했다가 내면탐험 끝에 '그림으로 생각하기'라는 테마를 끌어냈다. 그는 매사를 그림으로 생각하고 연동하고 연상함으로써 아이디어를 끄집어내는 자신을 모델 삼아 그림으로 생각함으로써 창의력을 기르는 방법에 대해 연구 중이다. 워크숍과 내면여행을 마치고 돌아가는 참가자들의 표정은 밝게 빛났고 책으로 쓰고도 남을 자신만의 테마를 찾았다는 기쁨은 8월 햇살보다 뜨거워 보였다.

'이야기 쓰기' 혹은 자전적 탐험을 통해 책을 쓸 만한 저마다의 테마를 찾을 수 있다는 나의 발상은 다소 종교적인 관점에서 비롯된다. 크리스천인 나는 창조주께서 모든 사람에게 하나 이상의 재능을 부여했으며 어떤 한 사람이 태어나 생활하고 경험하는 모든 것은 그 재능을 발휘하기 위해 준비하는 과정이라고 믿고 있다. 따라서 그만의 테마는 그의 전 생애에 다양한 방법으로 아로새겨져 있을 것이며 이야기 쓰기나 자전적 탐험이라는 도구로 그의 생애를 훑다보면 반드시 그 재능을 찾는다는 믿음을 가지고 있다. 여러 다른 종교와 정신적 스승들 역시 누구나 소명을 위한 재능을 타고난다고 주장한다.

미국의 사상가 에머슨도 "신은 많은 것을 당신 근처에 감춰놓았다. 문제는 당신이 당신 손에 그것을 쥐어주기만 바랄 뿐 찾아나서지 않는 데 있다"라며 아주 오래전부터 저의 믿음을 편들어주었다. 유대교에서도 모든 인간은 이 세상에서 그 누구도 대신할 수 없는 저마다 성취해야 할 특정한 과제가 있다고 말하고, 13세기의 영적 스승인 루미시인은 "사람은 모두 어떤 특별한 과업을 위해 창조되었고 그 과업을 향한 욕망은 이미 가슴에 새겨져 있다"고 했을 정도다.

전문가들은 소설이나 시나리오, 희곡 등을 창작할 때도 쓸 거리를 자신 안에서 찾으라고 충고한다. 쓰려는 자 안에 쓸 거리가 이미 충분하니 잘 뒤져보라는 것이다. 미국 할리우드에서 시나리오 창작을 가르치는 마이클 래비거는 이렇게 말했다.

> 자신의 삶 속에 일어난 사건들의 인과관계를 찾아내고 마음 속 깊게 자리 잡은 관심사가 무엇인지 이해하게 되면 그것을 글로 표현하기란 그리 어렵지 않다.[15]

그에 따르면 이러한 자기탐색은 "자신의 내면으로 문을 열고 들어가 기억이나 경험이나 무의식 등과 조우하는 것이며 그 결과 자신을 더 잘 이해하게 된다." 또 그는 "이야기를 쓰면 과거의 삶에서 일어난 일들이 바로 자신만의 독특한 감수성을 형성한다는 것을 이해하며 그 감수성이 바로 세상에서 일어나는 수많은 일들을 당신만의 독특한 시각에서 이해하는 도구가 된다"며 창작하는 사람은 모두 이야기부터 쓰는 것이 좋다고 권한다.

우리 시대 최고의 엔터테이너이자 희망전도사인 오프라 윈프리.

방송인, 할리우드 최고의 부자, 세계에서 가장 영향력 있는 인물, 자선사업가, 교육가…… 어떤 수식어도 그녀 앞에서는 불필요하게 느껴진다. 그녀는 누구에게나 친근한 TV라는 매체를 통해 〈오프라윈프리쇼〉라는 이야기를 써왔다. 그녀의 이야기 쓰기는 1976년 시작되어 수많은 이들에게 용기와 희망을 선물해왔다. 그러고도 성에 차지 않았는지 오프라는 1990년대 초반 어느 날, 아동학대 희생자를 인터뷰하다가 그 자리에서 즉흥적으로 자신이 받았던 어린 시절 성적 학대를 털어놓았다. 개인적인 이야기를 방송 전면에 끌어냄으로써 어린 희생자들이 더 이상 학대받지 않도록 노력하겠다는 의지를 표명했고, 이 노력은 빌 클린턴 당시 대통령으로 하여금 '전국아동보호법안'에 서명하게 만들었다.

이 무렵, 오프라는 자서전이라는 형식의 이야기 쓰기를 시도했다. 그녀는 마이애미에서 미국 서점협회가 주최한 자서전 출간을 공표하는 파티까지 열었다. 전기작가 조안 바셀과의 공동작업으로 집필까지 완료하고 제목도 『The Uncommon Wisdom of Oprah Winfrey: A Portrait in Her Own Words』로 정했으나 정작 책은 출간되지 못했다. 자서전 출간을 취소하며 "나는 아직 배우는 중이다. 아직도 세상에서 놀라운 것을 숱하게 발견하게 되리라 믿고 있다"고 말했지만 세상은 그녀의 말 그대로를 믿지 않았다. 언론이 추측한 대로 구구한 사정이 있으리라 짐작할 뿐. 아무튼 그녀는 방송이란 매체를 통해 오늘도 이야기를 쓰고 있다.

나도 2004년부터 꼬박꼬박 인터넷의 나만의 공간에 내 이야기를 써왔다. 나 자신에 대한 이야기를 글로 쓰며 자연스럽게 내면탐험을 하게 되었고 그 결과 내게 가장 잘 어울리는 테마, '책을 쓰거나 쓰게 하는 일'을 찾아냈다. 현업에서 바쁘게 일할 때는 몰랐던 나의 테마를 발견하고 발전시키는 노력 끝에 일련의 저서를 내고 강연에 초대받고 워크숍을 여는 등 재미있게 산다.

이야기를 쓰면 '나는 나답게 이렇게 잘 살았노라'라고 당당하게 말할 수 있게 된다. 오프라 윈프리가 이야기를 출간하지 않은 것에 대해 나는 자서전에 묘사된 그녀의 이야기가 자신의 것이 아니었기 때문이 아닌가 생각한다. 오프라 윈프리 그녀의 삶은 그녀 자신이 되기 위해 분투한 증거이므로 그 증거가 아닌 다른 것으로는 그녀를 이야기할 수 없기 때문에 자서전 출간을 포기한 것으로 짐작한다. 아무리 유능한 작가가 대신 써준다 해도 오프라의 속내를 그녀 자신만큼 속속들이 짚어낼 수는 없기 때문이라고 말이다.

후반 인생의 북극성 찾기

내 차에도 첨단 정보기술을 총동원하여 만들어진 내비게이션이 달려 있다. 그때그때 프로그램을 다운로드 받아 가장 최신 정보로 무장하는 잇점에도 불구하고 나는 내비게이션을 그리 좋아하지 않는다. 기계에 종속되는 느낌이 들기 때문이다. 방향만 짚어가며 어느 곳을 찾아갈 때, 목적지와는 다른 좋은 곳을 발견하는 뜻밖의 즐거움 따위를 기계가 다 앗아버렸다는 생각이 들기도 한다.

게다가 잠시도 조용히 있지 못하고 어찌나 잔소리를 해대는지 운전 중 유일한 낙인 음악감상을 방해한다.

내비게이션이 시키는 대로 묵묵히 따라가더라도 반드시 목적지에 정확히 도착하는 것은 아니다. 그 사이 길이 변했거나 신호체계가 바뀌었거나 목적지를 잘못 입력했다면 엉뚱한 길로 안내되는 것이다. 그때는 지도를 보거나 막연히 이쪽이겠다 싶은 곳으로 차의 방향을 돌려 운전해가면 가려던 목적지에 닿는 경우가 있다.

우리의 삶도 내비게이션 없이 차를 운전하는 것과 비슷하다. 아무리 잘 계획하고 잘 조준한 행군이라 해도 진행을 하다보면 이 길이 맞는지, 목적지에 도착하기만 하면 되는지, 다른 곳은 어떤지 하는 숱한 생각으로 머릿속이 복잡해진다. 게다가 중간중간 예상치 못한 장면과 만나거나 전에 없던 것과 마주치거나 하면 이 길이 맞긴 한가 하는 의심에 방향을 돌리기도 한다.

그런 의미에서 일단 길을 떠난 사람은 행운아다. 갈 길이 어디인지 모르는 사람이 얼마나 흔한가. 방향조차 짚지 못해 허둥대는 사람은 또 얼마나 많은가. 자기계발을 주제로 한 책과 강연들이 한결같이 "진정으로 원하는 삶을 살라", "네 길을 가라", "그 길로만 쭉 가라"라고 말하지만 "내가 원하는 것이 무엇인지, 내 길이 어딘지 모른다"는 사람들이 천지다. 이들은 볼멘소리를 한다. "그러게, 그 길을 가르쳐 달라니까요."

만일 당신이 사막 한가운데와 같은 곳에 서 있다면, 그 때문에 방향을 암시하는 단서조차 찾을 수 없다면, 그 자리에 계속 서 있을 수도 어디론가로 향할 수도 없다면, 그렇게 막막한 입장이라면 당신의 이야기 쓰기를 시작해보라고 나는 권한다.

이야기를 쓰다보면 당신이 어디서 걸어왔고 지금 어디에 서 있으며 이제 어디로 걸어가야 할지를 알게 된다. 과거와 현재와 미래는 각각 다른 시간개념이 아니라 하나다. 그 큰 세 점을 잇는 것이 삶이며, 이야기 쓰기란 그 세 점을 이어 당신이 가야 할 목적지로 당신을 안전하게 인도하는 안내자이자 지도다.

이야기 쓰기를 통해 이러한 과정을 거칠 때 당신은 자신의 삶을 따뜻한 눈으로 돌아보게 되고 그제야 당신의 삶은 막막한 과거와 현재의 고통에서 놓여나 미래를 향해 걸을 수 있는 전력을 가다듬는다.

이야기를 쓰겠다고 결심했다면 잠시 귀를 기울여보자. 혹시 가슴에서 무슨 소리가 나는지 잘 들어보라. 아마 아득히 먼 곳에서인 듯 아련하게 북소리가 들릴지 모른다. 그 소리가 바로 당신의 진군을 알리는 북소리다. 이제 이야기 쓰기를 시작하라는 신호인 셈이다.

이야기가 개인의 울타리를 벗어나면?

자신의 삶을 이야기로 쓴 책, 이것을 자서전이라 부른다. 혹시 당신은 자서전 출간을 정치인이나 재벌들의 호사스러운 취미로 알고 있었는가? 인류의 공통된 이야기인 역사 또한 역사가들이나 쓰는 것으로 알고 있었는가? 실은 나도 그랬다. 하지만 이제는 다르게 생각한다. 이야기는 누구나 쓰는 것이며 역사는 시간이 쓰는 것이다. 역사는 일정 시간이 흐른 후 그것을 기억하는 사람들의 머릿속에서 서술되는 것이라 생각한다. 그러므로 역사란 특정인이 쓰는 특정한 행위가 아니라는 것이 나의 생각이다. 이 말은 우리가 시도할 이야기 쓰기도 역사서의 한 페이지를 장식할 수 있다는 얘기다.

격변기를 살아낸 숱한 개인들의 기록은 그 시기를 술회하는 역사의 한 페이지가 되고도 남는다. 남들은 겪지 못한 경험을 기록한 이야기도 마찬가지다. 한 개인의 섬세한 삶의 기록도 하나의 날실과 씨실이 되어 한 시대를 증언하는 옷감을 짤 수 있다. 아니, 인류학자나 역사학자들은 개인의 기록을 통해 당대인들의 삶과 사회상을 유추하기도 한다. 그러므로 훗날 우리의 후손들이 당신의 이야기를 통해 당신의 경험을 유추하고 그로부터 당대를 증언할 중요한 단서를 많이 찾아낼 것이다.

찰스 이스트먼은 아메리칸 인디언이다. 보스턴 의대를 졸업한 재원으로 의사로서 성공적인 삶을 영위하던 그는 백인 기병대가 '운디드니' 골짜기에서 수많은 죄 없는 인디언들을 학살한 이른바 '운디드니 대학살 사건'을 경험하면서 새로운 삶을 살게 된다. 그는 자신의 경험을 책과 연설로 이야기하면서 미국인들에게 진정한 인디언 정신을 전파하고 있다. 이름도 아예 인디언식인 오히예사로 바꾸고 자신이 직접 체험한 정통 인디언 문화와 생활, 풍습들을 알리기 시작했다. 그의 이같은 노력은 인디언들의 정신과 숲속 생활을 재연하는 보이스카우트의 출범에도 영향을 미쳤다.

누가 썼든 한 인물의 삶을 다룬 이야기 속에는 시대의 증언이 실려 있다. 이야기를 읽다보면 당시의 시대상을 그린 단서와 만나는 재미가 쏠쏠하다. 명품 구두 살바토레 페라가모 창업주의 이야기를 실은 책『꿈을 꾸는 구두장이』를 읽다보면 요즘 흔한 누드 샌들이 페라가모가 처음 만들었을 1947년 당시에는 "발을 그대로 드러내는 너무 과감한 디자인이어서 잘 팔리지 않았"을 정도로 파격적인 디자인이었다는 사실을 알게 된다.

화가 천경자의『내 슬픈 전설의 49페이지』에는 고향인 고흥읍에 얽힌 사연들이 상세하게 나온다. 이야기를 읽는 독자는 천경자의 어린 시절인 1920년대에 전라도 산골의 사람들이 사는 모습에 대해 드라마를 보듯 머릿속에 그리게 된다.

다음은 사마천의 말을 빌려 이승수 씨가 『경향신문』에 쓴 글의 일부다.

> 사람은 한 번 죽게 마련인데
> 어떤 것은 태산보다도 더 무겁고
> 어떤 것은 기러기 털보다도 더 가벼우니
> 이는 삶의 지향이 다르기 때문이고
> 마찬가지로 사람은 누구나 똑같은 언어를 사용하지만
> 어떤 말에는 태산의 무게가 담겨 있고,
> 어떤 말은 오리털처럼 가볍다.
> 그 차이는 일생의 처신에서 비롯하는 것이니
> 말의 무게를 결정하는 것은 솜씨가 아닌 행동이다.
> 태산의 무게가 담긴 말들은 개인의 삶을 넘어 역사의 이정표
> 가 된다.[16]

당신이 이야기를 성실하게 잘만 쓴다면 그것은 당신의 개인사를 넘어 역사의 한 페이지가 된다는 뜻을 담고 있다.

스콧 니어링의 이야기도 한번 들어보자. 이야기 쓰기란 이런 것이라고 친절하게 설명한다.

일반적으로 이야기는 살아오면서 얻은 경험과 지식을 자신을 중심으로 그려내는 보고서 같은 것이다. 그러나 자기 이야기에만 국한된다면 그것은 진정한 의미에서 이야기라 할 수 없을 것이다. 모든 인간은 개인적 차원과 사회적 차원에서, 그리고 전체의 일부로서 느끼고, 사고하고, 행동한다. 나는 이 세 가지 차원 속에서 살고 있기 때문에 내가 쓸 이야기는 이 셋을 동시에 포괄해야 한다. 이런 의미에서 나의 이야기는 한 개인의 기록이라기보다는 그 개인이 살아온 시대의 기록이 되어야 한다.[17]

눈만 뜨면 어딘가에 페인트를 칠하는 페인트공에게 묻는다. "무슨 재미로 페인트를 칠해요?" 그는 질문이 반갑다는 듯 대답한다. "지구의 한 모퉁이를 칠하고 있거든요."

그렇다. 당신이 한 페이지 한 페이지 쓰는 이야기는 당신이 쓰도록 할당받은 만큼의 역사 쓰기다. 역사를 쓰는 사람이 따로 있는 게 아니라 우리가 살아내는 순간순간의 삶이 곧 역사다. 실제로 영국의 국립도서관에서는 영국 국민들의 일상적인 이메일 자료를 수집하고 있다. '이메일 브리튼'이라는 제목의 이 프로그램은 영국인들의 사랑 문제와 불만사항, 여행, 농담 등 일상생활이 담긴 이메일을 수집해 자료로 보관하기 위해서라 한다. 이 프로그램은 특별한 의미가 담긴 이메일은 물론 평범한 일상생활 속의 이메일에 특히 애착을 보인다고 한다. 프로그램 책임자는 "이렇게 모아놓아야 시간이 많이 흐른 훗날에도 오늘을 보여주는 스냅사진이 될 것"이라고 설명한다.

2007년 7월, 탈레반에 억류되었다 극적으로 풀려난 인질 가운데 한 사람인 서명화 씨는 유독 언론의 관심을 모았다. 이유는 42일간의 억류기간 동안 그녀가 자신의 바지에 기록한 피랍일지 때문이다. 수첩이나 노트도 없이 탈레반의 엄한 감시의 눈길을 피해 숨겨둔 볼펜으로 42일간의 모든 것을 기록했다. 이 기록이 없었더라면 탈레반이 우리 국민들에게 행한 만행은 유야무야 묻혀버렸을 것이다. 기록되지 않은 것은 전해질 수 없다. 그것이 아무리 위대한 것이라도 그렇다. 남미의 그토록 찬란했던 마야문명도 기록되지 않았던 탓에 기억에서 멀어져갔다. 얼마전 밝혀진 이순신 장군의 32일치 『난중일기』에는 장군이 생시와 같이 꿈에서 선친을 만나 애통해한 일과 전란 중에 아들의 혼례를 치르는 심정을 남기고 있다. 이것은 상급자인 권율과의 갈등, 경쟁자인 원균에 대한 원망, 부하들에 대한 야속함 등 그동안 알려지지 않았던 인간 이순신의 속내를 알기에 더없이 적절한 기록이었다.

평론가 유종호 교수는 『나의 해방 전후:1940~1949』라는 산문집을 통해 당시의 경험을 시시콜콜 전한다. 일제 강점기였던 '국민학교' 시절부터 광복을 거쳐 한국전쟁이 일어나던 고등학교 1학년 때까지의 일들을 적은 것으로 지식인의 눈에 비친 당대의 기록들은 보기 드문 업적이라는 것이 항간의 평이다.

하지만 뭘 그렇게 시시콜콜하게 썼느냐는 지적도 있었던 모양이다. 유 교수가 사회사란 원래 미시적이고 시시콜콜한 이야기들이 쌓여서 이뤄지는 것이라고 부연 설명한 것을 보면. 사회사건 정치사건 역사는 잘고 시시콜콜한 이야기들이 쌓여서 이뤄진다.

대통령이 되면 메모지 한 장도 그냥 못 버린다. 전화로 통화하며 적은 메모까지 모두 사료로 수거되어 보존된다. 심지어 대통령이 쓴 댓글까지도 영구 보전된다. 우리가 살고 있는 지식정보사회에는 기록과 공유가 관건이다. 당신이 이야기를 써야 하는 이유가 바로 이 때문이기도 하다.

성숙한 죽음, 남겨질 가족을 위한 사랑의 표현

영화로도 만들어진 노먼 F. 매클린의 소설 『흐르는 강물처럼』은 작가의 두 아이, 존과 진이 어렸을 때 아버지에게 듣던 이야기를 책으로 갖고 싶어한 덕분에 탄생되었다. 작가는 책머리에서 이렇게 썼다.

> 비록, 다른 작가들의 경우와 마찬가지로 자신이 했던 이야기들을 결국 글로 써보고자 하는 과정에서 그 이야기들의 많은 부분을 변화시키기도 하고, 새롭게 각색하기도 하지만 아이들로 하여금 자신들의 부모가 어떤 종류의 사람들인가를 알게 하고 자신들이 누구인가에 대해 생각하게 하고 자신들이 바라는 것을 달성하게 하는 데도 좋은 자료가 된다는 것을 알기에.[18]

이야기를 책으로 쓰기 위해 노먼 매클린은 주위 많은 이들에게 전문적인 자료의 도움을 받았다. 그 이유를 이렇게 말한다.

> 어른들보다 더 많이 아이들은 자신들이 태어나기 전의 세상

이 어땠는지, 특히나 지금은 이상하게 보이거나 사라져버렸지만 한때는 부모들 옆에서 엄연히 존재했던 세계의 어느 부분들에 대해 알고 싶어한다. 그래서 나는 오래전 주요 도로가 경주로가 되곤 했던 서부 지역에서 말들과 사람들이 어떻게 함께 생활했는지에 대해 설명해주었고 내 아이들을 리틀 레드 라이딩 후드의 숲이 아닌 실재하는 숲으로 데려가는 일을 상당히 중요시했다.

몇 권짜리 장편소설이 아닌 소설들은 늘 단숨에 읽고 저자 서문을 읽는다. 거기엔 이런 메시지가 빛나고 있어서다.

은퇴한 뒤에 한 권의 책을 출판한다는 것이 인생의 창조작업에 있어서 중요한 단계라는 깨달음은 늦게야 찾아온다.

앞서 언급한 랜디 포시 교수의 이야기로 다시 돌아가보자. 이제 18개월인 그의 막내아이는 아빠의 존재를 기억조차 못할 것이다. 이 아이가 자라 "나에게는 왜 아빠가 없냐"고 보챌 때 포시 부인은 아빠의 '마지막 강연' 장면을 보여줄 것이다. 아이가 글을 읽을 때쯤이면 아빠가 남긴 책을 읽게 할 것이다. 이렇게 되면 아이의 가슴에 아빠는 평생 함께하지 않을까? 당신도 자녀를 사랑하는 마음을 담아 이야기를 남기면 어떨까.

그런가 하면 부모님께 바치는 존경과 감사의 마음도 이야기에 담을 수 있다. 오바마 대통령이 『내 아버지로부터의 꿈』 서문에서 "어머니는 세상에서 가장 친절하고 너그러운 분이셨다. 나의 장점들은 모두 어머니에게서 받은 것"이라고 쓴 것처럼.

가족 곁을 먼저 떠나며, 남은 가족들에게 이야기를 선사한다면 그만한 사랑의 표현이 또 있을까? 그 이야기는 천만금의 재산보다 더 귀한 유산이 되는 셈이다. 심리학 박사인 대니얼 고틀립은 『샘에게 보내는 편지』라는 책을 냈다. 이 책은 손자 샘에게 미리 상속한 유산이다. 고틀립은 이 책 속에서 이렇게 고백한다.

샘, 처음 내가 사랑한 것은 '내 손자'였다. 그리고 여섯 달이 지난 뒤에야 비로소 '너'를 사랑하게 되었다.

샘의 외증조할아버지의 장례식 날, 샘은 외할아버지 고틀립의 무릎 위에 자꾸만 기어오른다. 그 순간 고틀립은 손자와 자신이 서로 같은 영혼을 가진 사람이란 걸 깨닫는다. 왜냐하면 할아버지와 손자, 둘은 닮은꼴이기 때문이다. 고틀립은 서른세 살 때 교통사고를 당한 전신마비 장애인으로 왼손 엄지손가락에만 감각이 살아 있고, 그의 둘째딸이 낳은 유일한 손자인 샘은 자폐아다. 이같은 동변상련에 고틀립은 '남들과 다르다는 사실을 받아들이는 법, 앞길을 스스로 헤쳐나가는 법'을 샘에게 일러주기로 마음먹는다.

샘은 아직 이 편지를 읽을 수 없고 다 커서도 할아버지의 뜻을 '제대로 읽고 이해할 수 있을지' 알 수 없다. 그래서 그는 유대 경전과 성경과 이슬람의 시 등 재미있는 우화들을 활용한 쉽고 꾸밈없는 표현을 써가며 자신이 헤쳐온 역경 속에서 얻은 깨달음을 담아 샘에게 그만의 '인생 지도'를 찾는 길을 안내한다.

『나의 삶은 서서히 진화해왔다』는 진화론을 정립한 찰스 다윈이 쓴 이야기다. 독일의 한 편집자에게서 이야기를 집필해달라는 제안을 받고 "할아버지가 자기 정신에 대해 쓴 짧은 글이라도 읽어볼 수 있다면 얼마나 흥분되겠는가"라고 생각하며 손자들을 위해 쓴 글이다. 다윈이 사망한 지 120여 년 지났으니 그의 4대나 5대 후손이 할아버지 다윈의 이야기를 읽었으리라.

다른 이에게 도움이 되는 존재의 이유

어떤 삶도 무의미하지 않다고 생각하면서도 막상 삶의 질곡에 빠져 허우적거리다보면 삶의 의미는커녕 살아 있음의 이유조차 알기 힘들다. 아니, 그런 것을 생각할 여유조차 없다. 그럼에도 불구하고 이야기를 쓰게 되면 힘겨운 삶임에도 자신이 존재해야 하는 이유, 살아내야 하는 명분을 찾게 된다. 이것은 이야기가 두고두고 읽히는 이유와 맥을 같이하는데, 이야기는 비슷한 환경을 경험하는 다른 이에게 반면교사가 되기 때문이다. '나와 비슷한 처지의 사람이 있구나. 이런 사람은 이런 상황에서도 살았구나. 이런 사람은 이렇게 상처와 고통을 견뎌냈구나. 나도 살아야지' 하는 공명을 주기 때문이다.

작가 공지영은 세 번의 결혼과 이혼으로 세 명의 성이 다른 자식을 키우는 평범하지 않은 삶을 살아왔다. 그녀는 평범하지 않은 자신의 사생활에 주눅들어 살았다고 한다. 하지만 이것이 『즐거운 나의 집』이란 소설의 소재로 채용되어 그녀에게 또 한 번의 베스트셀러 저자의 영광을 안겨준다.

이 소설을 쓰게 된 계기는 '새로운 의미의 가족'이라는 주제로 그녀와 그녀의 아이들의 이야기를 수필로 써달라는 원고 청탁이었다고 한다. 그녀만의 상처가 비슷한 환경에 처한 많은 사람들에게 위안을 주면서 감동적인 이야기로 부활했고 그녀는 각광을 받았다. 그녀의 상처는 그녀만의 사생활이 아니라 우리 시대가 맞닥뜨린 사회적인 상처이기도 했던 것이다. 사실 이 소설을 쓰며 작가는 자신의 밝고 당당한 모습이 다른 이들에게 힘이 되기를 간구했고 실제로 많은 격려와 응원이 되었다는 인사를 받았다. 아닌 게 아니라 얼마나 많은 사람들이 사랑과 가족과 결혼과 이혼과 아이 양육 등의 문제로 고민하고 고통받고 있는가. 그들에게 작가 공지영이 토해낸 소설 같은 이야기들은 얼마나 큰 위로가 되었을까. 그녀는 마침내 이 소설을 통해 자신을 키운 것은 팔할이 상처이며 소설 쓰기야말로 남이 아니라 바로 나 자신의 고통이나 상처를 치유하는 것임을 인식한다. 그럼으로써 자신이 존재해야 하는 이유를 찾게 된 것이다.

　할리우드에서 활동하는 영화배우 김윤진은 안면마비로 배우생활을 포기할 뻔한 적이 있었다. 그녀의 이야기 『세상이 당신의 드라마다』에는 그 내용이 자세히 나와 있다. 2002년 청룡영화제 여우주연상을 수상할 정도로 그녀는 국내에서도 잘나가던 배우였다. 그러던 그녀가 아무 미련 없이 할리우드로 떠난다. 여배우 나이 서른 살이라는 핸디캡을 안고 밤새워 PR 테이프를 제작하여 에이전시를 찾아나서고 오디션을 위해 대본이 닳도록 연습한다.

　그런 과정 끝에 미국 ABC방송국의 전속계약을 따냈고 그와 동시에 안면마비가 왔다. 담당의는 완치되지 않을 수도 있다며 우려했지만 그녀는 '내 몸에 들어온 그깟 바이러스 때문에 내 꿈을 포기할 수 없다'며 의사도 놀랄 만큼 짧은 시간에 자신의 몸을 정상으로 회복시킨다. 그러고는 ABC 드라마 〈로스트〉 오디션을 통해 대본에 없었던 '선'이라는 역할을 만들어내며 할리우드 진출에 성공했다. 김윤진의 이야기는 말 그대로 한 편의 할리우드 영화다. 주인공 김윤진의 눈물겨운 투병이나 도전에의 의지는 물론, 할리우드라는 정상에 입성하고 자리 잡기까지 그녀가 겪은 수모와 고초는 어려운 환경 때문에 좌절할 수밖에 없었던 많은 이들에게 격려가 되었다.

외신을 통해 세계에 널리 알려진 재미교포의사 이승복 씨. 그는 세계 최고의 외과병원으로 알려진 존스홉킨스 병원 재활의학과에 재직한다. 그는 미국에서 단 두 명뿐인 사지마비장애인 의사 가운데 한 사람으로 휠체어를 타고 진료하는 그의 존재 자체가 재활의학 병동의 에너지다. 그가 쓴 이야기 『기적은 당신 안에 있습니다』는 전미 올림픽 상비군의 촉망받는 체조선수였던 그가 훈련 도중 사고로 사지마비장애인이 된 후 세계 최고의 존스홉킨스 병원의 수석 전공의가 되기까지 그야말로 눈물겨운 사연들이 담겨 있다. 그의 사연을 접한 사람들은 저마다 이승복 씨의 팬카페를 만들고 블로그에서는 그의 감동어린 이야기를 퍼나르는가 하면 그의 편지함에는 치열하게 사는 모습에 감동했다는 메일이 쏟아졌다. TV프로그램에 출연하여 시청자 게시판을 마비시켰으며 국내 영화 제작사와 해외 출판사로부터 판권문의가 쇄도했다. 이렇게 되기까지 그는 '죽을 만큼' 힘들었겠지만 이제는 그의 존재만으로도 수많은 사람들이 위로를 받는다.

엘리자베스 퀴블러 로스는 일흔한 살의 나이에 자신의 이야기

『생의 수레바퀴』를 출간했다. 이 책은 죽음이 멀지 않은 '죽음 전문가'로서 살아온 삶과 죽음에 관한 이야기가 주축을 이룬다. 그녀의 파란만장한 생애의 갈피마다 끼워진 삶과 죽음, 행복, 사랑에 관한 그녀의 이야기와 지혜들은 많은 사람들이 자신의 생애를 돌아보게 만든다. 그리고 삶이 그 무엇보다 중요하기에 안락사조차 반대한 의사였던 그녀의 주장을 통해 독자들은 삶의 중요성에 대해 새롭게 인식한다. 책을 덮을 때쯤 독자들은 살고 있다는 것, 그 자체로 인생은 얼마든지 숭고하다는 것을 깨닫는다.

정신이 맑게 씻기는 뜻밖의 효과

『거꾸로 가는 시내버스』를 쓴 안건모 씨는 전직 버스기사다. 그는 어른으로 살면서 기성사회와 맞지 않는 데서 오는 가슴앓이를 해야 했다. 글을 통해 그것을 풀어내기까지 그는 늘 앓았다. 그에게 글쓰기라는 치료법이 있다는 것을 알려준 이는 이오덕 선생이었다. 이오덕 선생은 언제나 "글은 일하는 사람이 써야 한다"고 주장해왔었다. 이오덕 선생을 만나 글쓰기에 대한 생각을 고쳐먹기 전까지 안건모 씨는 글이란 배운 사람이 쓰는 것이며 글쓰는 방법을 제대로 알고 있어야 쓸 수 있다고 생각해왔다. 그러던 중 일하는 이들이 글을 써 발표하는 『작은 책』이라는 잡지를 발견하고 자신과 같은 노동자도 글을 쓸 수 있다는 것을 깨달았다고 한다. 마침내 안건모 씨는 살아온 이야기를 쓰고 일에 대해서 쓰고 가슴앓이를 불러온 주제에 대해서도 썼다. 그렇게 써 모은 글은 『거꾸로 가는 시내버스』라는 책으로 나왔다. 글을 쓰고 발표할 수 있게 된 지금 그의 가슴앓이도 다 나았다.

'치료 요법'이라고 번역되는 '세러피'라는 말은 의학적인 치료 외에 사용되는 치유방법을 말한다. 음악치료, 미술치료, 향치료, 운동치료 등 다양한 방법이 있는데, 이 가운데 저널세러피라는 방법이 있다. 말 그대로 글쓰기를 통한 치유법으로 생각이 흘러가는 대로 자유롭게 글을 쓰는 동안 치유의 효과를 얻게 된다.

저널치료는 글을 쓰면서 글쓰는 이의 내면에 존재한 지혜가 그가 가야 할 곳으로 그를 데려간다고 믿는 데서 시작되었다고 한다. 글을 쓴다는 것은 이처럼 치유 효과가 크다. 자신의 생애를 더듬어 글로 써 내는 이야기는 그때그때 단편적인 내용을 쓸 때보다 훨씬 더 큰 치유 효과를 자랑한다. 베스트셀러 작가 스티븐 킹은 글쓰기의 치유 효과에 대해 이렇게 설명한다.

> 글쓰기는 창조적인 잠이다. 글쓰기에서든 잠에서든 육체적으로 안정을 되찾으려고 노력하는 동시에 정신적으로는 낮 동안의 논리적이고 따분한 사고방식에서 벗어나려고 노력한다. 그리고 정신과 육체가 일정량의 잠을 자듯이 깨어 있는 정신도 훈련을 통하여 창조적인 잠을 자면서 생생한 상상의 백일몽을 만들어낼 수 있다.[19]

『개미』의 작가 베르나르 베르베르는 살면서 늘 불안했었다고 고백한다. 원인 모를 불안함을 극복하기 위해 글쓰기라는 치료를 시작했다고 한다. 그는 "나를 작가로 만든 것은 불안이었고 그것을 넘어서기 위해 글쓰기라는 치료를 시작했다. 글을 쓰면 마음이 편안해졌다.

주위의 반응이 좋아 작가가 되었다. 글쓰기란 '세계에서 일어나는 좋지 않은 일들에 대한 반응'이라고 했다.[20]

나 또한 우울하거나 분노하거나 슬플 때 글을 쓴다. 생각나는 대로 정신없이 쓰고나면 설움 끝에 잔뜩 울고난 것처럼 속이 후련하다. 흙탕물에 빠져 오물 범벅이던 정신을 맑은 물에 몇 번이고 헹구어낸 듯한 느낌이 든다. 그리고 왜 그렇게 우울하거나 분노하거나 슬펐는지도 헤아리게 된다. 뇌가 감정의 지배를 받다가 글쓰기라는 과정을 통해 감정을 지배하는 상태로 바뀌는 것이다. 나아가 그러한 감정을 초래한 원인에 대해서도 사색하게 되고 해결방법을 찾는 과정에서 문제를 좀 더 깊이 이해하게 된다. 작가 이윤기의 말마따나 "글을 쓰는 일은 길이 없을 줄 알았던 곳에서 또 하나의 마을을 발견하는 일"이다.

실제로 2001년 국어교육위원회에서 우울증을 겪고 있는 중년여성을 대상으로 이야기 쓰기를 실험했다. 그 결과 실험에 참여한 모든 여성들이 나중에 우울증에서 크게 벗어났다. 중년여성들의 억압된 감정문제에 초점을 맞추어 그 감정의 뿌리를 찾고 그것에서 벗어나는 심리적인 치료 효과가 있다는 것이 입증되었다.

이야기를 쓰기 위해 지난날들을 되돌아보고 기억을 떠올리고, 그 속의 나 자신을 불러내어 이야기를 나누고 쓰다듬는 과정은 자신과 화해하는 과정이다. 지금의 나를 있게 한 그 모든 것이 내게는 참으로 적절한 것들이었다고 인정하고 지금 그대로의 내 성격을 긍정하고 안도하는 작업이다. 이로써 내 삶과 역사가 화해하게 된다. 평생을 두고도 하기 힘든 이 모든 과정이 이야기 쓰기로 가능하다니 참으로 대단한 작업이 아닐 수 없다.

평범한 당신도
탁월한 이야기꾼

나는 TV에서 '세바퀴'를 자주 본다. 연예인들이 출연하여 퀴즈를 풀면서 퀴즈와 관련된 자신들의 실제 이야기를 풀어놓는 TV 예능프로그램이다. 한 시간 가량 보고 있으면 출연한 연예인들의 사생활이 적나라하게 이야기된다. 방송이 나가고 있는 시간에도 인터넷에서는 그들의 이야기가 실시간으로 퍼져나간다.

신문, 방송, 잡지, 출판, 웹 할 것 없이 미디어는 이야기 바이러스의 천국이다. 미국 잡지계의 거물 티나 브라운의 말마따나 미디어, 언론의 속성은 근본적으로 '엿보기'다. 미디어의 성공은 관심을 불러일으킬 만한 이야깃거리를 충실히 만들어내는 데 있다. 따라서 언론 미디어사업의 본질은 이야기하기, 스토리텔링이다.

저마다 소장한 이야깃거리를 이야기 바이러스로 만들어주는 일을 하는 나는 메시지를 전하기 위해 가능한 한 나 자신의 사례를 든다. 가령 책쓰기 워크숍에서 왜 책을 써야 하는가를 강조할 때 책을 낸 저자의 한 사람으로서 내 삶이 얼마나 대단하게 바뀌었나를 들려준다. 실제 경험한 당사자의 입으로 전해들을 때의 감동과 실감은 다른 사람이 말한 것을 일방적으로 전달받을 때보다 한층 더 강하다.

'독자와의 대화'와 같은 행사를 치를 때도 특정한 주제를 가지고 일방적인 메시지를 전달하기보다 현장에 함께한 독자들이 가장 궁금해하는 '나의 이야기'를 들려주면 반응이 훨씬 좋다. 독자들은 나를 통해 다른 사람의 이야기를 듣기보다 '책을 쓰는 나, 책을 쓰는 엄마는 아이를 어떻게 키우나, 책 쓰면서 살림은 언제 하나, 책 쓴다고 서재에 틀어박혀 있으면 남편은 화를 내지 않는가'와 같은 이야기를 듣기 원한다.

이야기, 더 이상 소비하지 말고 창조하라

이제 남의 이야기를 그만하자. 내가 나의 이야기를 하듯, 당신도 당신의 이야기를 하자. 유대교 신비주의자의 한 사람인 주즈야는 죽은 다음 신에게 문책받을 거리는 "왜 너는 모세 같은 사람이 되지 못했느냐?"가 아니라 "왜 너는 주즈야답게 살지 못했느냐?"일 것이라고 했다. 주즈야 식으로 말한다면, 당신 또한 죽어 신 앞에 갔을 때 "왜 너는 오프라 윈프리처럼 살지 못했느냐가 아니라, 왜 너는 너답게 살지 못했느냐"일 것이다.

주즈야답게, 당신답게 사는 첫 걸음은 우선 다른 사람의 이야기를 당신의 입에서 떼어버리는 일이다. 하도 오랫동안 매우 정교하게 이야기 바이러스에 전염된 당신에게 이 일은 쉽지 않을지도 모른다.

하지만 생각보다 쉬운 방법이 있다. 당신의 이야기 바이러스로 맞불을 놓는 것이다.

국내 굴지의 생활용품 기업 A사장이 모 대학에서 강연한 것을 한 경제신문이 보도했다. 신문은 강연장 스케치는 물론 강연내용까지 소개했는데 참으로 뜨악했다. 그 내용인즉, 그 주제에 관해 전문가 C씨가 이미 책에 다 쓴 것이었다. 학생들이 그 책을 안 읽었다고 생각하여 소개한 것일까? 그게 아니라면 왜 귀한 시간에 남의 얘기를 전하는 걸까? 특히 A사장이 힘주어 강조한 단어는 C씨의 전매특허였다. 기사를 보도한 경제신문도 이상하기는 마찬가지였다. 남이 다 했던 얘기를 중계 방송하는 A사장의 특강을 어떻게 이슈로 보고 보도하는가 말이다.

사람들이 하는 얘기를 잘 들어보면 대부분 남의 말이거나 남에 대한 말이다. 참 멋진 말이다 싶어 메모를 해두었다가 나중에 찾아보면 다른 이가 한 말이었다. 말을 잘하고 많이 하지만, 자신의 이야기는 없다. 블로그만 해도 그렇다. 세상에 좋은 것들만 모조리 긁어 퍼다놓을 뿐 자기 생각과 자기의 이야기를 자기의 목소리로 쓴 글은 찾아보기 힘들다. 하다못해 짧은 댓글조차 자신의 이야기보다 다른 사람의 말을 퍼다놓기 바쁜 경우도 흔하다. 그 어떤 대단한 사람의 말이나 글을 듣고 읽더라도 그것을 이해하고 삭혀 내 것으로 만들어야 한다. 그런 다음 내 스타일로 표현해야 한다. 언제까지 다른 사람의 말, 다른 사람의 콘텐츠를 소비만 하고 살 텐가.

초보 저자들이 원고를 완성시켜 출판사에 보내고 나서 가장 많이 듣는 피드백은 무엇일까? 그것은 "당신만의 이야기가 없어요"일 것이라고 나는 생각한다. 웹 환경이 발달하여 2,000자 원고지 1,000매 가까운 원고를 거뜬하게 써낼 수 있는 비결은 다름 아닌 긁어붙이기(copy & paste)라고 말하는 사람들도 있다. 이 말이 억지라고만 여겨지지 않는 것은 초보 저자들이 쓴 많은 원고를 검토하다보면 그런 생각이 수없이 들기 때문이다. 흔한 사례와 주장, 흔한 이야기들이 사방팔방에서 다양하게 긁어모아져 정리된 경우가 대부분이다. 글을 쓴 이는 자신이 주장하려는 것에 대해 다른 이의 증언만 모아놓았을 뿐, 왜 그런 주장이 가능한지, 그 주장을 실행하기 위해 어떻게 하면 좋은지 등 핵심내용은 원고에서 빠져 있다. 자기 이야기가 없는 것이다.

이제 당신의 이야기를 하자. 당신의 이야기를 찾고 만들고 퍼뜨리면 당신이 미처 생각지도 못했던 행운이 문을 두드릴 것이다. 그 행운은 바로 '언론'이라는 '말'이다. 마케팅 전문가 잭 트라우트는 인생을 한 판의 게임이라고 보고, 성공은 게임의 판을 단번에 바꿔놓을 수 있는 말을 골라타는 데 달렸다고 전제했다. 그는 이를 '인생을 성공으로 이끄는 성공마'라고 부르며 여섯 가지를 소개했다. 나는 여기에 '언론마'를 하나 더 보탠다. 언론의 주목을 받아 언론에 의해 화제의 중심이 될 수 있다면 현대 사회에서 성공은 떼어놓은 당상, 성공으로 직행하는 말을 탄 것이나 다름없기 때문이다.

당신의 이야기를 꾸려 세상에 내놓아라. 그러면 건질 만한 것을 호시탐탐 노리는 언론에 의해 주목받는 일은 시간문제다. 언론에 의해 간택받아 이슈의 중심에 서고나면 세상은 더 이상 당신에 대해 의심하지 않는다. 그러니 당신도 당신의 이야기를 하라. 당신의 이야기를 창조하라.

2
스토리마이닝

: 삶의 곳간에서 이야기 소재 찾는 법

그늘에 오래 있다 보면 누구나 그림자가 되는 법이
야. 그림자가 되기 전에 너만의 빛을 찾아야 해.

팀 보울러

모닝페이지로
내 이야기 끄집어내기

이 장에 들어가기 전에 당신이 갖춰야
할 것이 있다. 당신이 손에 넣고자 하는 모든

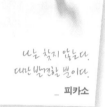

나는 찾지 않는다.
다만 발견할 뿐이다.
— 피카소

것은 이미 당신 속에 다 있다는 믿음이다. 물
론 믿음을 강요할 수는 없지만 당신의 이야기를 짓고 퍼뜨리기 위해
일단 그렇게 믿어보자는 것이다.

셰익스피어가 말했듯이 우리 삶의 모든 것은 무대이고 모든 남녀
는 배우이고 그들은 입장하고 퇴장하며 각자 자신에게 부여된 시간
내에 많은 역할을 수행한다. 감독은 신이다. 그렇다면 신은 내 무대를
통해 어떤 메시지를 던지고 싶었을까? 내가 무대에 올라 공연한 것들
을 하나씩 되돌아보며 그 의미를 찾아내는 것이 이 장에서 우리가 할
일이다. 나는 이것을 내면탐험이라 부른다. 당신의 내면을 탐험하면
당신이 바라는 것을 모두 발견할 수 있다. 신이 애초에 치밀한 기획으
로 당신을 지었기 때문이라고 생각하기 때문이다.

당신의 이야기를 위해 당신이 가장 먼저 해야 할 것은 신이 의도한 가장 당신다운 것을 당신이 살아온 삶 속에서 찾아내는 것이다. 그것은 발견하는 것이지 만들어내는 것이 아니다.

내면탐험은 신이 당신의 무대에 설치해둔 암호를 해독하는 일이다. 신은 당신에게 직설하는 대신 무대와 행위, 상황 곳곳에 보다 쉽게 당신이 이해할 수 있도록 메시지를 심어놓았다. 당신이 태어난 곳, 당신을 태어나게 한 부모님과 가정환경, 당신을 웃게 한 것과 울게 한 것, 화나게 한 것과 슬프게 한 것마다 신의 메시지가 들어 있다. 그러므로 내면탐험은 당신에 대한 신의 메시지를 찾아내는 일이다.

나는 여러 차례의 내면탐험 결과 창의적이면서도 누군가에게 영향력을 미치는 일을 무척 좋아한다는 것을 발견했다. 초등학교 다닐 때부터 이야기를 지어내고 뭔가를 읽거나 쓰고, 좋은 글이라 생각되면 일일이 손으로 베껴 다른 이들에게 나눠주곤 했다. 어렸을 때부터 이러한 성향을 보여온 나는 직업이나 좋아하는 일, 하고 싶은 일도 이 범위의 것이었고 결국 글을 쓰거나 쓰게 함으로써 다른 이에게 영향을 미치는 창의적인 일을 하고 있다.

자 이제, 밖으로 향한 문을 닫아걸고 차분한 마음으로 앉아 질문을 던져라. 다음 내용은 내면탐험에 익숙하지 못한 당신을 위해 마련한 질문 리스트다. 매일 아침 한 번에 하나씩 질문하고 답을 찾을 수 있도록 구성했으니 한꺼번에 하려다 지레 지쳐 중단하지 않길 바란다.

질문은 열 가지 테마로 구성했다. 한 테마를 열흘에 나누어 질문하고 답하면 된다. 매일 아침, 해당 질문그룹에서 그날치 주제를 뽑아 '모닝페이지'를 쓰자. 주제와 관련한 기억을 되살리고 생각을 정리하여 글로 쓰는 작업이다. 이렇게 열 차례 반복한 100일 후에는 그 답들만으로 당신의 이야기가 완성되거나 조금만 손보면 완성되는 지경에까지 도달한다.

모닝페이지로 내면을 탐험하라

모닝페이지란 '매일 꼬박꼬박 글을 쓰는 행위'를 말한다. 매일 쓴다는 점에서 일기와 비슷하다. '모닝페이지'라는 용어는 줄리아 카메론이 쓴 『아티스트웨이』[21]란 책을 통해 우리에게 널리 알려졌다. 원래 이 방법은 미국의 제도권 교육에서 학생들의 글쓰기 습관을 기르기 위해 고안된 것이다.

내가 모닝페이지라는 단어를 처음 접한 것은 10여 년 전의 일이다. 외환위기에 떠밀려 졸지에 백수가 된 그 무렵의 나는 이 책이 시키는 대로 매일 아침 컴퓨터 앞에 앉아 모닝페이지를 썼다. 하루도 빠짐없이 모닝페이지를 쓰며 내가 만들고 싶은 잡지를 창간하는 그날을 상상했다.

모닝페이지를 쓰며 마음을 정리하고 새로운 계획을 세웠다. 잡념 없이 그것에 몰두한 지 넉 달도 되지 않아 그해 11월 새 잡지를 창간했다.

열악한 환경에서 창간했지만 1년도 되지 않아 업계 1위를 만들었다. 나는 이때 경험한 성공이 모닝페이지 덕분이란 것을 의심하지 않는다. 그후 인터넷기업으로 자리를 옮겼고 그와 동시에 모닝페이지는 블로그 쓰기로 바뀌었다. 하루하루 축적된 모닝페이지의 힘은 예닐곱 권의 저서와 번역서를 출간하는 성과로 지금까지 이어지고 있다. 물론 지금도 나는 매일 아침 모닝페이지를 쓴다. 십수 년 동안 매일 모닝페이지를 쓰며 실험해본 결과, 모닝페이지라는 기법은 글쓰기를 습관으로 정착시키는 데 탁월한 방법이라는 것을 확인했다.

이 책에서 내가 권하는 모닝페이지 쓰기는 줄리아 카메론의 방법과 약간 다르다. 줄리아 카메론은 손 글씨로 3쪽씩 써야 한다는 단서를 붙였지만, 내가 권하는 모닝페이지 쓰기는 분량은 물론 손글씨든 타자기든 컴퓨터든 상관없이 단지 매일 아침 고정적으로 쓰기만 하면 된다. 모닝페이지 쓰기에서 가장 중요한 것은 모닝페이지를 쓰는 방법이 아니라 모닝페이지로 어떤 결과를 얻어내는 것이다.

모닝페이지는 글을 쓰기 위해 창조적 영감을 불러내도록 고안된 방법론이며, 창조적 영감은 어느 순간 불현듯 떠오르는 것이 아니라 습관적으로 쓰다보면 불려나온다는 것을 모닝페이지를 쓰다보면 저절로 알게 된다. 그러니 어떤 방법으로 하든 상관없다. 모닝페이지 쓰기에서 가장 중요한 포인트는 매일 아침 정해진 시간에 무조건 써야 한다는 것이다.

모닝페이지가 만드는 습관의 힘

세계 최고의 부자 버크셔 해서웨이의 워런 버핏 회장과 점심을 함께 하려면 점심값 외에 그 기회를 얻는 데에만 22억 원이 든다고 한다. 워런 버핏 회장과 독대하여 성공의 기술을 배우기 위해 기꺼이 22억 원을 쓴다는 말일 텐데, 22억 원짜리 성공의 비결은 단순하다.

"그것은 습관이다. 당신의 고쳐야 할 습관과 친구의 좋은 습관을 메모하라. 그리고 당신의 것은 버리고 친구의 것을 당신 것으로 만들어라."

이야기 만들기에 모닝페이지라는 방법론을 도입한 것은 모닝페이지가 의도하는 습관의 힘을 빌리기 위해서다. 모닝페이지 쓰기는 '자기를 돌아보는 습관, 생각과 느낌을 정리하는 습관, 그렇게 하여 언제나 자기 자신과 늘 함께하는 습관 들이기' 도구다.

모닝페이지를 쓰는 것은 어떤 창대한 결과를 부를지도 모를 작업을 시작하는 주문이나 다름없다. 모닝페이지를 쓰는 습관은 뭔가에 대해 골똘히 생각하고 그것을 정리하는 최소한의 시간을 자신에게 선물하는 일이며, 모닝페이지를 쓰는 동안만큼은 타고난 창의력을 최대한 허용하여 오로지 당신의 있는 그대로 존재하는 순간이다. 또 그 시간은 잠자고 있던 의식을 깨워 가슴이 하는 이야기, 세상이 하는 이야기를 귀담아 듣는 순간이다.

앞으로 100일 가량, 주어진 질문에 대한 답을 모닝페이지로 쓰고 나면 당신의 삶 속에서 퍼올린 사금더미는 이야기로 쓸 수 있는 소재들로 정련되어 금가루로 남게 된다. 금가루를 가지고 원하는 대로 모양을 만들면 그게 바로 당신만의 위대한 이야기다. 100일이라는 기간은 이야기 쓰는 데 집중할 수 있는 가장 적당한 시간이다. 이보다 짧으면 대충 쓰게 되고 이보다 길면 집중력이 떨어져 유야무야되는 위험이 있다. 평생의 시간을 가다듬는 데 이 정도는 투자해야 하지 않을까?

모닝페이지로 이야기 쓰기의 규칙

1. 모닝페이지로 하루를 시작하라

매일 아침 눈뜨면 모닝페이지부터 쓰자. 나는 블로그에 쓰는 모닝페이지로 하루를 시작한다. 모닝페이지로 쓰기의 포문을 연 다음 두어 시간 책을 쓰거나 칼럼을 쓰거나 뭔가를 쓴다. 이렇게 할당량을 채우듯 제일 먼저의 일과로 모닝페이지를 쓰고나면 하루 종일 다른 일도 잘된다.

모닝페이지 쓰기를 습관 들이려면 최소한 21일간은 빼먹지 않고 지속적으로 해야 한다. 21일이라는 시간은 우리 몸에서 세포가 부활하는 데 걸리는 시간이라고 한다. 이 때문에 술이나 담배 등 중독증을 치료할 때도 주로 21일 동안 프로그램을 진행한다. 전 세계적으로 공인된, 새로운 습관을 정착시키는 데 필요한 절대 시간이 바로 21일이며 이 때문에 미국암학회의 금연프로그램이나 심리학 박사이자 경영컨설턴트인 해리엇 브레이커가 진행하는 '남을 기쁘게 해주기라는 병을 치료하는 워크숍'도 모두 21일 과정이다.

2. 매일 아침 꼭 100일만

모닝페이지를 쓸 때 그날그날의 주제로 질문 리스트를 활용하라. 한 번에 한 가지도 좋고 한 번에 열 가지, 백 가지도 좋다. 당신의 모닝페이지에 할애된 시간만큼 답을 생각하고 써라. 가능한 한 100일 안에 끝마치도록 질문을 분배하는 것이 좋다.

답하기가 끝난 후 모아진 문답형식의 내용은 당신의 이야기를 쓰기 위한 소재이며 글감이다. 문답형식 그대로를 이야기로 만들 수도 있고, 그것을 토대로 하나의 이야기를 다시 지을 수도 있고 관련 자료를 더해 개인사 박물관을 만들 수도 있을 것이다. 이 자료를 전문 작가에게 건네 별도의 이야기를 완성하는 것도 멋진 방법이다. 혹은 하나하나를 한 편의 글로 나누어 블로그나 미니홈피에 올려보면 어떨까. 콘텐츠가 풍부하고 다양하여 금세 인기 있는 블로그가 될 것이다.

3. 왜! 쓰는가를 늘 생각하라

왜 모닝페이지를 쓰는가, 나는 지금 왜 이 질문에 답을 하는가를 잊어서는 안 된다. 다시 한 번 강조하면 여기서 제시되는 질문들과 그것에 답하기는 당신의 지난 시간, 기억 속에 파묻혀 있는 수많은 것들 가운데 이야기로 쓸 만한 의미있는 글감을 찾아내는 작업이다. 답을 하는 동안 당신은 옛 기억을 떠올리게 될 것이고 메모를 하든 문장으로 쓰든 그림으로 그리든 떠오르는 기억과 떠올린 기억과 관련 사실과 증언과 자료들을 차곡차곡 모으면 된다. 그것들과 관련하여 당신은 무슨 생각을 하게 되는지도 덧붙여 메모해두어라. 이 정도면 당신의 이야기는 거의 다 완성된 것이나 다름없다.

모닝페이지로 완성하는
내면탐험 질문 리스트

질문 리더십

우리가 어떤 질문을 하느냐에 따라 상대

방의 삶의 질이 결정된다고 한다. 우리가 행

하는 일은 안팎에서 일어나는 질문에 대한 반응이라는 의미다. 특히

스스로에게 질문하는 행위는 선택과 결정으로 연결되고 이는 행동과

결과로 드러난다. 당신이 알고 있거나 겪었던 모든 사실들은 당신이

그때그때 질문하고 행동한 결과임에 틀림없다.

책쓰기 코칭을 의뢰하는 사람들을 만나면 나는 먼저 질문공세로

그들을 괴롭힌다. "당신은 누구세요? 당신은 무슨 일을 합니까?" 그

들은 이름과 직업과 소속된 직장을 밝힌다. 그 대답에 아랑곳 않고 다

시 묻는다. "나는 책쓰기 코칭을 통해 사람들이 저마다의 북극성을 찾

아 자신만의 귀한 삶을 살도록 안내합니다. 당신은 어떤 일을 하시지

요?"

나는 스토리텔링 프로젝트를 수행할 때, 맨 먼저 질문지(solution finder)를 작성하게 한다. 질문들을 보며 생각을 미리 정리하게끔 요구하는 것이다. 나는 평소 나 자신에게 많은 질문을 던진다. 대답을 요구하는 질문은 막연하던 생각을 명료하게 정리해주는 기능을 한다.

나는 상대가 누구든 내가 가르칠 수 있는 것은 없다고 생각한다. 다만 그로 하여금 생각할 수 있게 하고 그 과정을 통해 그가 필요로 하는 것을 스스로 알아내도록 돕기만 하면 된다고 믿는다. 그런 이유로 내 아이에게도 뭔가를 직접 가르치기보다 질문을 자주 한다.

당신에게 살아 있는 스승이 되어줄 일련의 질문은 다음과 같다.

질문그룹1. 파노라마처럼 돌아보는 나의 삶

질문그룹2. 나 어렸을 때는

질문그룹3. 밤새 한 뼘씩 나를 자라게 했던 성장통들

질문그룹4. 사랑과 결혼, 가족 이야기

질문그룹5. 친구와 동료, 선후배 그리고 이웃

질문그룹6. 재능과 능력 혹은 지식과 커리어에 대해

질문그룹7. 인생을 지배한 것들에 대해

질문그룹8. 기억 한 구석에 잠들어 있는 나의 꿈

질문그룹9. 이제 나는 이렇게 살아야겠다

질문그룹10. 내가 나에게 묻기를

질문의 특징

여기에 제시된 질문들은 단지 당신의 이야기에 쓰일 글감을 찾기 위한 것이다. 제시된 것 외에 당신 스스로 질문의 리스트를 만들어 질문하고 답한다면 훨씬 더 다양하고 적극적으로 글감을 찾을 수 있을 것이다. 질문들은 다음을 염두에 두고 구성했다.

• 생각을 끌어낸다

질문들은 유형별로 당신의 관심사, 핵심 가치, 진정 하고 싶은 일, 잘하는 일 등을 반복적으로 묻는다. 겹치는 질문도 있다. 특정 사안에 대해 당신의 기억과 생각을 더 잘 끌어내기 위한 반복이며 의도적 실수다. 일일이 가르치지 않고 단지 질문함으로써 스스로 깨우치게 한 소크라테스의 산파술을 응용했다. 특정한 사실을 묻기보다 그것을 둘러싼 당신의 생각, 의미, 통찰을 묻고 있다는 얘기다.

• 질문에 집중하게 한다

이 질문의 문장들은 심리치료 전문가 내서니얼 브랜든이 고안한 문장완성 치료법을 응용했다. 문장완성 치료법은 불완전한 문장을 완성하기만 하면 되는 단순한 기법으로 이 방법을 통해 많은 사람들이 자신과 자신의 삶에 대한 중요한 깨달음을 얻고 그렇게 함으로써 커다란 변화를 꾀하는 것으로 유명하다.

나는 내서니얼 브랜든이 문장완성 치료법을 고안해낸 취지와 의도만을 가져왔다. 답은 틀리고 맞음이 없으며 앞뒤가 안 맞는 모순이 있을 수 있다. 답을 쓸 때는 이성적으로 오래 고민하여 쓰기보다 그때그때 생각나는 대로 써야 한다.

질문을 읽고 답하는 것에 너무 매이다보면 이야기 쓰기를 위한 글감을 끌어내기 위해서라는 당초의 목적을 상실할 우려가 있기 때문에 질문을 단순화했다. 또 순간적으로 질문 내용을 알고 바로 답할 수 있도록 질문에 토를 달지 않았다. 대신 질문의 끝에 아이들 참고서처럼 모범답안을 유도하는 부연설명을 달았으니 단지 참고만 하기 바란다.

• 생활언어로 구성하여 이해하기 쉽다

이 질문들은 내용을 이해하기 쉽도록 답을 자연스럽게 이끌어내는 생활언어로 구성했다. 더러 질문이 애매하게 여겨지는 것은 직관적인 대답을 끌어내기 위함이다. 같은 질문이 다른 곳에서도 여러 차례 다른 표현으로 질문되니 매번 언뜻 생각나는 것을 쓰면 된다. 이 질문이 의도하는 것은 당신을 자연스럽게 내면으로 유인하여 거리낌 없이 자아를 탐구하게 만드는 것이다. 그 결과 당신은 이미 타고난 당신만의 자질과 재능과 목소리와 테마를 발견하게 될 것이다.

질문에 답하는 요령

• 깊이 고민하지 않는다

"생각은 하지 마. 생각은 나중에 해. 우선 가슴으로 쓰고 머리로 나중에 다시 쓰는 거야. 그냥 써." 영화 〈파인딩 포레스터〉에서 고등학생에게 글쓰기를 지도하는 숀 코너리가 한 말이다. 모닝페이지 쓰기가 글쓰기에 필요한 창조적 영감을 불러내기 위한 것이듯, 생각하지 않고 떠오르는 대로 쓰는 것은 창조적 과정의 시작이다. 질문에 답하기는 이야기를 쓰기 위한 글감을 찾는 과정에 불과하다는 것을 잊지 말자. 그러므로 질문을 보자마자 떠오르는 생각을 쓰되 '네, 아니요'의 단답형 대신 질문에 관련하여 생각나는 모든 것들을 다 쓰는 것이 좋다. 물론 위아래 유사한 질문을 묶어 한꺼번에 답을 해도 상관없다.

• 생각의 꼬리를 물고 늘어진다

질문에 답을 하다보면 생각이 생각을 부르는 현상과 마주칠 것이다. 이때는 그냥 지나치지 말고 그 생각을 따라가라. 그 생각의 끝에 어떤 이야기가 있는지 발견하거든 그것도 써라. 질문을 읽고 답을 쓰는 과정에서 생기는 어떤 단서도 그냥 지나치지 마라.

가령, '가족이 여행이나 외식을 자주 했나요?'라는 질문에는 자주 했으면 언제 어떤 경우에 어떤 방법으로 얼마나 자주 외식을 했는지 메모하라. 외식에 대해 부모님이 다툰 적은 없는지, 외식을 하러 가기 전과 후는 어땠는지, 그때 내 기분은 어땠는지…… 기억을 되살려 쓰다보면 잊힌 줄 알았던 그 무렵의 기억이 되살아나면서 다른 기억들까지도 불러오기 마련이다.

• 억지로는 쓰지 않는다

다른 사람에게 보여주기 싫은 답이라면 굳이 쓰지 않아도 된다. 단, 그냥 지나치지 말고 그 답에 대해 생각만이라도 하라. 질문에 답을 쓸 때 가장 중요한 것은 답쓰기 자체가 아니라 기억의 단초, 생각할 거리를 찾아내는 것이다.

The story finder

〈The story finder〉는 내면탐험을 통해 내재되어 있던 자기만의 이야기를 발굴해가는 도구로 제작된 질문 리스트입니다.

- 질문그룹1. 파노라마처럼 돌아보는 나의 삶
- 질문그룹2. 나 어렸을 때는
- 질문그룹3. 밤새 한 뼘씩 나를 자라게 했던 성장통들
- 질문그룹4. 사랑과 결혼, 가족 이야기
- 질문그룹5. 또 다른 가족인 친구와 동료, 선후배 그리고 이웃
- 질문그룹6. 재능과 능력 혹은 지식과 커리어에 대해
- 질문그룹7. 인생을 지배한 것들에 대해
- 질문그룹8. 기억 한 구석에 잠들어 있는 나의 꿈
- 질문그룹9. 이제 나는 이렇게 살아야겠다
- 질문그룹10. 내가 나에게 묻기를

다른 사람의 2등급 버전이 되지 말고
당신 자신의 1등급 버전이 돼라

- 주디 갈란드

- 질문그룹1. **파노라마처럼 돌아보는 나의 삶**

CNN의 저명한 토크쇼인 〈래리킹쇼〉의 래리 킹은 출연자들에게 이렇게 묻곤 한다. "당신 인생에서 진정으로 원하는 게 무엇입니까?" 안젤리나 졸리는 "어머니 노릇이야말로 인생에서 가장 중요하며, 삶을 마감할 때 사람들을 즐겁게 해준 것으로 기억되길, 아이들과 나라, 인간의 권리에 영향을 줄 변화를 가져온 사람으로 기억되길 원한다"고 대답했다. 당신의 인생에서 가장 중요한 것이 무엇이며 진정으로 원하는 것이 무엇인지 한 번이라도 생각해보았는가? 맨 처음 준비한 질문들은 당신의 인생을 파노라마 사진처럼 되돌아보게 할 것이다.

1 당신을 소개해주세요. 한마디로 당신은 누구인가요?
2 당신의 이름, 나이, 사는 곳, 직업, 결혼 여부 등 당신에 대해 좀 더 자세히 들려주세요.
3 당신은 지금 행복한가요? 그 이유는요?
4 당신은 지금 행복하지 않은가요? 왜요? 이유가 뭘까요?
5 전반적으로 당신은 원하던 삶을 살아왔나요?
6 당신이 바라던 삶을 살았다는 증거가 있을까요? 있다면 무엇인가요?
7 지금까지 살아오면서 가장 행복하다고 여겼던 때는 언제인가요?
8 인생이 당신에게 준 선물이 있다면 무엇일까요?
9 당신의 가장 큰 자랑거리는 무엇인가요?
10 당신의 멘토는 누구예요? 어떤 점에서 그 분이 당신의 멘토인가요?
11 살아오면서 가장 견디기 힘들었던 순간은 언제였어요?
12 한참 지난 일이지만 두고두고 여전히 후회하는 일이 있나요?
　　왜 그렇게 후회되는 걸까요? 할 수 있다면 돌이키고 싶은가요?

그때로 돌아가 어떻게 하고 싶으세요?

13 다른 이들이 알고 있는 당신의 가장 두드러진 특징은 뭔가요?

14 당신이 죽고 난 다음 훈장을 받는다면 그 이유는 무엇일까요?

15 다른 사람이 당신을 부를 때 주로 사용하는 호칭은 무엇인가요? 그 이 유는요? 그 호칭이 당신은 좋으세요?

16 지금 당신에게 가장 큰 소원은 무엇인가요?

17 당신 인생에서 기념비적인 날이 있다면 언제, 무슨 날인가요?

18 당신이 살아오는 데 가장 많은 도움을 받은 것은 무엇인가요?

19 당신이 내남 할 것 없이 강조해온 덕목이 있다면 무엇인가요?

20 지금의 당신을 상징하는 어릴 때 사진이나 증거가 있나요?

how to...

1 일본 맥도널드 사장 후지타 덴은 자사의 비즈니스를 식재고속가공업이라 부릅니다. 소니의 이데이 노부유키는 자사를 홈 엔터테인먼트 콘텐츠 포르바이더라 부르지요. 저는 저 자신 을 스토리텔러라 부르고요. 작가 김훈은 자전거레이서로 불러달라 합니다. 당신은 한마디 로 뭐라 표현되나요? 뭐라 불리나요?

17 헬렌 켈러는 이야기에서 "내 인생에서 가장 중요한 날은 내가 앤 맨스필드 설리번 선생님을 만난 날이다. 무엇으로도 측량할 길 없을 만치 대조적인 우리 삶이 이렇게 연결되다니 생각 할수록 놀라움을 금할 길 없다. 1887년 3월 3일 만 일곱 살을 꼭 석 달 남겨놓은 때였다"라 고 썼습니다. 제 인생에서 가장 중요한 날은 아이가 태어난 날이 아닌가 합니다. 아이가 태 어나기 전에 저는 오로지 저 자신뿐이었는데, 그후로 저는 아이와 패키지랍니다. 아이가 성 인이 되어 독립할 때까지는요.

18 헬렌 켈러는 "내가 책에 얼마나 많은 신세를 져왔는지 모른다. 책을 읽으면서 얻은 기쁨과 지혜는 물론이요, 볼 수 있고 들을 수 있는 사람들이 쌓은 지식을 책을 통해 건네받았다"고 이야기에 썼습니다. 공지영은 상처로부터 가장 큰 도움을 받았다고 했지요.

19 프랭클린은 자서전에서 절제, 규율, 검약 등 자신이 지켜야 할 열 가지 덕목을 수립하여 지 켰다고 소개합니다. 스티븐 코비는 『성공하는 사람들의 7가지 습관』이라는 책을 통해 주도 적인 삶을 살아라, 다른 이와 원윈하라 등의 덕목을 강조하고 있습니다.

• 질문그룹2. **나 어렸을 때는**

이번 질문들은 당신이 타고난 소명과 사명의 예후가 드러나기 시작했을 당신의 어린 시절에 관한 것이다. 당신의 어린 날들은 어땠나? 당신은 얼마나 사랑받고 존중받는 어린이였으며 아들 딸이었나?

1 당신은 어떤 가문에서 태어났나요?

2 당신의 가문에 대한 특별한 자랑거리가 있나요? 그것이 당신에게 자부심을 갖게 했나요?

3 당신이 기억하는 조부모님은 어떤 분이신가요?

4 그분들과의 잊지 못할 추억이 있나요?

5 당신의 부모님은 어떤 분들인가요?

6 당신은 몇 남매 중 몇 번째로 태어났나요? 다른 형제들과는 친하게 지냈나요? 당신의 형제 가운데 당신에게 가장 잘해준 사람은 누구이고, 당신이 라이벌 의식을 느꼈던 형제는 누구인가요?

7 당신의 성장기는 한마디로 어땠어요?

8 당신의 어린 시절은 당신 일생에 영향을 많이 미쳤나요? 아니면 그냥 지나온 시간이었나요?

9 지금도 어제처럼 또렷하게 기억하는 어린 날의 장면들은 무엇인가요?

10 혹시 잊히지 않는 그 장면들 사이에 공통점이 있나요?

11 당신의 어린 시절을 특징짓는 사건이나 상징이 있다면 무엇일까요?

12 어릴 때 책이나 영화, 여행 등 문화를 다채롭게 체험했나요?

13 어릴 때 당신이 부모님에게 강요받았던 가치가 있다면 무엇인가요?

14 그 강요받은 것이 당신의 성격 형성에 영향을 미쳤다고 생각하세요?

15 어린 시절 부모님은 서로 사랑하며 좋은 모습을 보여주셨나요?

16 온 가족이 다 같이 생활했나요?

17 아니라면 그 이유는요? 언제 다시 같이 살게 되었나요?

18 '우리 집'이 다른 집과 크게 달랐던 것이 있다면요?

19 가족이 여행이나 외식을 자주 했나요?

20 가족이 함께한 첫 여행은 언제, 어디였어요?

21 어릴 때 당신이 읽었던 책을 기억하세요?

22 당신이 어린 시절에 느꼈던 두려움이 있었나요?

23 그 두려움은 지금까지 영향을 미치고 있나요? 아니면 어떤 방법으로
   극복했나요?

24 어릴 때 잘한다 소리를 들었던 재능이 있다면 무엇인가요?

25 어려서 주변 사람들에게 "쟤는 커서 ○○가 될 거야"라고 들었던 기억
   이 있나요? ○○가 무엇인가요?

26 당신에 대한 부모님의 기대는 어땠어요?

27 어릴 때 존경했던 분이 있었나요?

28 당신의 어릴 때 꿈은 무엇이에요? 지금 그 꿈을 이뤘나요?

29 어린 시절의 당신에게 편지를 쓴다면 어느 때의 당신일까요? 그리고
   주된 내용은 무엇일까요?

30 어릴 때 신앙생활을 했나요? 지금도 신앙생활을 하고 계신가요?

31 당신의 첫 친구는 누구였어요? 그 친구와 주로 무엇을 하며 놀았나요?

how to...

7 저는 어린 시절을 통틀어 울었던 기억밖에 없습니다. 하도 울어서 별명도 울보였고, 부모님
   이며 제 주위 사람 모두 제게 넌더리를 냈습니다. 그 때문에 놀림도 많이 받았지요.

9 친구 은주와 저는 초등학교 뒤편 커다란 나무 밑에서 이야기를 지어 들려주는 놀이를 자주
   했습니다. 은주도 저처럼 시나 소설을 쓰겠다며 국어국문학과에 진학했지요.

13 월마트의 창업자 샘 월튼은 엄청나게 부자가 된 후에도 검소한 생활을 했습니다. 그는 어릴 때 부모로부터 절약하는 습관에 대해 자주 들었기 때문에 어른이 되고 부자가 되어서도 그 습관을 유지했었다고 자서전에 썼습니다. 그는 자서전에서 "나는 전적으로 어머니와 아버지의 돈에 대한 태도를 공유했다. 두 분은 아예 돈을 쓰지 않으셨다"고 썼습니다. 그의 어린 시절은 미국이 경제적으로 가장 어려웠던 대공황기였습니다.

21 제가 기억하는 저의 첫 책은 『어째어째사전』입니다. 수학을 스토리텔링으로 가르치는 책인데 내용은 기억에 없고 제목이 생생합니다.

26 저는 어릴 때 존경하던 사람이 없었습니다. 참 이상합니다. 위인전을 가까이 하지 않아서일까요?

• 질문그룹3. **밤새 한 뼘씩 나를 자라게 했던 성장통들**

아들이 초등학교 6학년 때 자다 말고 엉덩이며 허벅지가 아프다고 호소하는 바람에 혼비백산한 적이 있다. 병원에서는 뼈가 자라는 속도에 비해 근육의 성장 속도가 미치지 못해 생긴 통증으로 성장통이라 했다.

의사의 설명을 들은 아들은 그 다음부터 자다가 아파도 놀라지 않고 "키가 갑자기 커서 그래" 하며 담담하게 대처하는 것을 보았다. 그런 다음 날이면 아들의 키가 훌쩍 커버린 것 같았던 느낌을 아직도 기억한다.

심리학자 에이브러햄 매슬로는 죽을 뻔한 고통을 당해본 사람만이 영혼의 성장을 이룰 수 있다고 했다. 이 고통을 영혼이 성장하는 계기로 삼을지 좌절의 기회로 삼을지는 본인이 선택하기에 달렸다고 했다. 나는 어떤 경험이건 잘잘못이 없다고 생각한다. 따라서 고통도 기쁨만큼이나 우리의 영혼을 위한 자양분이라 믿는다. 당신의 성장통은 얼마나 심했는가.

1 당신의 생애에서 가장 힘든 때는 언제였나요? 무슨 일로 그렇게 힘들었

어요?

2 그때 당신에게 힘이 되어주었던 것은 무엇이었나요?

3 일반적으로 당신은 어떤 경우에 어려움을 느끼나요?

4 그럴 때 당신은 어떻게 해결하지요? 당신만의 해결법을 들려주세요.

5 당신 스스로 생각하기에 당신에게 가장 부족하다 여겨지는 것은 무엇인가요?

6 그 부족함을 어떻게 해결해왔나요?

7 당신에게도 사춘기가 있었겠지요? 사춘기 무렵의 기억나는 에피소드가 있나요?

8 당신이 처음 이성을 느꼈던 때는 언제 누구를 통해서인가요?

9 당신이 가족으로부터 독립한 것은 언제인가요?

10 일평생 당신을 지배해온 사람이 있나요? 그 사람은 왜 그토록 집요하게 당신을 지배했나요? 또 당신은 왜 그 사람에게서 놓여날 수 없었나요?

11 가출한 경험이 있어요? 언제, 왜 가출했어요? 가출의 경험은 당신의 인생에 어떤 영향을 미쳤나요? 가출한 뒤 집에 돌아오게 된 계기는 무엇이었어요?

12 지금 당신을 힘들게 하는 것은 무엇인가요?

13 그것은 언제부터 어떤 이유로 당신을 힘들게 하나요? 그것을 해결할 수 있는 방법이 있나요?

14 당신의 행동을 제약하는 가장 큰 원인은 무엇이에요?

15 아무런 두려움이나 불안이 없다면 당신은 무엇을 하고 싶어요?

16 당신을 힘들게 하고 아프게 한 것이 당신의 성장에 어떤 영향을 미쳤나요?

17 당신이 싫어하는 사람은 어떤 유형의 사람인가요?

18 당신이 싫어하는 일을 해야 하는 환경이라면 당신은 어떻게 반응하

나요?

19 당신의 인사권을 쥐고 있는 사람이 당신에게 부정한 행동을 요구할 때 당신은 어떻게 반응했나요?

20 가장 힘들었던 때, 그때가 다시 온다면 지금의 당신은 어떻게 행동하 겠어요?

21 힘든 고비를 넘고 있는 사람들에게 해주고 싶은 말이 있나요?

22 당신에게 말 못할 비밀이 있나요?

23 만일 비밀이 밝혀진다면 당신의 현재 삶에 어떻게 영향을 미칠 것이라 고 생각하세요?

24 당신이 외롭고 힘들 때 스스로 위안 삼는 방법은 어떤 것인가요?

25 당신이 우울할 때 해소하는 방법은 무엇인가요?

26 누가 뭐라 해도 내 편이 되어줄 것이라 믿는 사람이 있나요?

27 그렇게 믿는 이유는 무엇인가요?

28 그(그녀)와 어떤 일이 있었나요? 그에게도 당신이 그러한가요?

29 당신이 인정받거나 사랑받는다고 느낄 때는 언제인가요?

30 당신이 가장 피하고 싶은 것은 언제 어떤 경우인가요?

31 가장 많이 울었던 때는 언제이며 그 이유는요?

32 당신이 반복하여 겪는 시련이 있나요?

33 왜 같은 시련을 반복한다고 생각하세요?

34 어떤 방법으로 그 시련을 이겨냈나요?

35 그 시련을 이겨낸 힘은 어디에 있다고 보나요?

36 그 경험을 통해 당신은 무엇을 느꼈고 배웠나요?

37 머리에 떠올리면 언제나 용기와 희망이 생기는 무엇이 있나요?

38 당신이 특별히 좋아하는 것은 무엇인가요?

39 그것을 언제 어떤 방법으로 알게 되었나요?

40 당신이 가장 위안을 받는 행동이나 습관은 무엇인가요?

41 당신의 별명은 뭐예요?

42 별명이 지어진 배경은 무엇인가요? 그 별명이 마음에 드나요?

how to...

1 제 경우, 18년의 직장생활을 마무리하고 독립했을 때, 준비하지 않았던 갑작스러운 독립이
라 아주 큰 혼돈을 느꼈습니다.

21 저는 "어떤 경험도 나쁘기만 하거나 좋기만 한 것은 없다. 경험은 어떤 것이든 그 자체로 귀
하며 의미 있다. 그러니 힘든 상황, 그곳에 사정없이 빠져들어라"라는 말을 해주고 싶어요.

38 저는 남다른 생각을 글로써 표현하는 것을 좋아합니다.

40 가령 헬렌 니어링은 산책할 때 가장 큰 위안을 받는다 하고, 워즈워스도 언덕과 산골짜기를
구름처럼 외롭게 방황하고 어슬렁거리는 보람에 살았다고 이야기에 썼습니다. 나는 스파
마사지를 받을 때 굉장한 위로를 받습니다. 누군가 나를 지극 정성으로 보살펴주고 있다는
느낌이 들기 때문입니다. 고 박경리 선생은 글이 써지지 않을 때는 텃밭으로 가서 손수 가꾸
던 고추며 상추를 돌봤다고 합니다.

42 제 별명 중의 하나는 치토스입니다. 마음먹은 것은 언제가 됐든 반드시 해내고야 말거든요.

• 질문그룹4. **사랑과 결혼, 가족이야기**

가족은 '이른 봄날의 내의 같은 존재'라는 비유를 들은 적이 있다. 봄인 듯
느껴지면 겨우내 의지했던 내의가 가장 먼저 거추장스러워진다. 미련 없
이 내의를 벗어버리고 대신 프렌치코트에 머플러를 두르며 옷깃을 여며보
지만 웬일인지 봄을 시샘하는 추위는 뼈마디까지 파고든다. 그럴 때 못 이
기는 척 내의를 다시 입으면 어쩌나 따뜻한지. 당신에게 가족은 어떤 의미
인가? 봄날의 내의 같은 존재인가? 한겨울의 오리털점퍼 같은 존재인가?

당신의 일부 혹은 당신의 전부를 만들어온 부모님과 배우자, 그리고 자녀들에 대한 이야기를 써보자.

1 부모님께 가장 큰 칭찬을 받은 적은 언제이며 주로 무슨 일이었나요?

2 어릴 때, 가족이 자주 시간을 함께했나요? 모이면 주로 어떻게 지내세요?

3 지금 가족들은 자주 모이세요? 모이면 주로 무엇을 하나요?

4 가족과 집을 떠나 독립한 시기는 언제 어떤 방법이었나요?

5 우리 가족의 자랑스러운 점을 이야기해주세요.

6 우리 가족이 다른 가족에 비해 좀 부족한 점이 있다면요?

7 아버지는 어떤 분이었어요?

8 어머니는 어떤 분이었나요?

9 각각의 형제자매는 어떤 분들이에요?

10 당신은 언제 첫 연애를 했나요?

11 상대를 만나게 된 계기는 무엇이고 상대의 어떤 점이 좋았나요?

12 지금 배우자는 몇 번째 만난 사람인가요?

13 당신이 만난 여러 이성들 사이에 공통점이 있나요?

14 지금 배우자와 첫 연애를 한 그 사람과의 공통점이 있다면요?

15 결혼하셨지요? 결혼을 결심하게 된 계기는 무엇인가요?

16 결혼생활에서 가장 중요하게 여기는 것은 무엇이에요?

17 결혼할 당시 두 사람에게 가장 중요했던 것은 무엇인가요?

18 당신은 몇 번의 사랑을 했나요?

19 지금도 그 당시의 감정들이 사랑이라고 믿나요?

20 결혼에 있어 사랑은 어느 정도의 비중을 차지한다고 생각하세요?

21 당신이 생각하는 이상적인 배우자란 어떤 사람일까요?

22 한 사람에게 결혼은 어떤 의미를 가질까요?

23 결혼하기까지 과정과 결혼식 중 가장 기억나는 것은 무엇인가요? 그 이유는?

24 결혼 초기에 가장 힘들었던 일은 무엇인가요?

25 어디서 신혼살림을 시작하셨나요?

26 당신의 신혼 시절은 어땠어요? 가장 기억에 남는 것은 무엇인가요?

27 당신의 배우자는 어떤 분인가요? 그(그녀)의 특징과 장점을 얘기해주세요.

28 배우자의 특성 가운데 당신이 가장 못 견뎌했던 것은 무엇인가요?

29 시댁이나 처가와의 갈등은 없었나요? 그 이유는 무엇인가요? 지금은 어떤가요?

30 결혼 후 배우자가 많이 변했나요? 어떤 점에서 얼마나 변했어요?

31 결혼 후 당신도 변했나요? 어떤 점에서 얼마나 변했나요?

32 아직 결혼하지 않았다면 언제쯤 할 건가요? 결혼이 늦어지는 분명한 이유가 있나요?

33 당신과 배우자가 주로 다투는 것은 무슨 이유인가요?

34 다툰 후 화해는 어떤 방법으로 하나요?

35 결혼을 후회한 적도 있지요? 언제인가요?

36 다시 결혼한다면 지금의 배우자와 하겠어요?

37 결혼생활을 영위하는 데 가장 중요하게 여기는 것은 무엇인가요?

38 결혼 후 매우 심하게 싸웠던 때는 언제이며 그 이유는 무엇인가요?

39 당신의 결혼생활에서 가장 아쉬운 것은 무엇인가요?

40 아이에게 물려주고 싶은 배우자의 장점은 무엇인가요?

41 당신의 첫 아이는 언제 어디서 태어났어요? 태몽도 꾸었나요?

42 첫 아이의 임신·출산·육아 과정 동안 많은 에피소드가 있었지요? 딱 하나만 골라 써보세요.

43 아이를 낳아 기르는 동안 가장 큰 어려움은 무엇이었어요?

44 아이가 태어난 날을 기억하세요? 그날 무슨 일이 있었나요? 아이를 낳기 위해 병원으로 갈 때부터 얘기해보세요.

45 아이가 당신 인생에 어떤 영향을 미쳤나요?

46 당신은 지금 아이와 친하게 지내나요?

47 그렇지 않다면 이유가 뭔가요?

48 아이가 부모의 어떤 점을 닮았나요?

49 아이 교육에 당신이 가장 신경쓰는 것은 무엇이에요?

50 아이가 당신처럼 살기를 바라나요? 그렇지 않다면 아이는 어떤 삶을 살았으면 하나요? 그 이유도 써보세요.

51 당신이 췌장암으로 6개월밖에 못 산다면 아이에게 무엇을 해줄 수 있을까요?

52 아이에게 유언으로 남기고 싶은 단 한마디가 있다면요?

53 당신과 부모님의 관계는 어떤가요?

54 당신의 아이들과 부모님의 관계는 어떤가요?

55 부모로서 가장 기뻤던 일은 언제 어떤 일이었어요?

how to...

3 저는 중학교 2학년 때 서울로 전학 와 6개월 남짓 부모님과 떨어져 살았습니다. 공부는커녕 허구한 날 우는 딸이 안쓰러워 아예 이사를 했지요. 그후 서른 살 결혼할 때까지 부모님 밑에서 함께 살았습니다.

49 이 세상에서 가장 귀한 존재임을 믿고 언제나 자신을 귀애하도록 가르치겠어요.

51 세상은 너를 위해 존재한단다.

54 우리 부모님은 첫 손자인 제 아이가 천상의 선물이라 하셨지요.

55 아이가 자신의 생각을 조곤조곤 글로 표현할 때.

- 질문그룹5. **친구와 동료, 선후배 그리고 이웃**

"함께 있을 땐 우린 아무 것도 두려울 것이 없었다." 이것은 영화 〈친구〉의 포스터에 실렸던 문구다. 또 『친구』라는 책에는 이런 구절이 시선을 끈다. "행운의 절반은 나의 노력으로부터 오고 행운의 나머지 절반은 친구로부터 온다." 친구라는 존재는 참으로 묘하다. 혈육이 아니면서 혈육보다 가깝고 더러는 가족보다 더 큰 영향을 끼친다. 동료나 선후배 그리고 이웃도 '친구'의 다른 이름이다. 그러므로 당신의 생애에서 친구를 빼놓고 이야기할 수 없을 것이다.

1 당신에게 친구가 생긴 것은 언제부터인가요?

2 당신의 가장 오랜 친구는 언제 만난 누구인가요?

3 그 친구는 한마디로 어떤 사람인가요?

4 당신은 새로운 친구를 잘 사귀는 편인가요?

5 당신은 친구를 사귀면 그 관계가 오래 지속되나요?

6 당신이 주위의 삶과 환경에 관심을 가지기 시작한 것은 언제인가요?

7 당신이 현재 참여하는 외부활동은 무엇인가요?

8 동창회 등 지속적으로 참석하는 모임이 있나요? 어떤 모임인가요?

9 어떤 이유에서 그 모임에 지속적으로 참여하나요?

10 당신이 애정을 가지고 참여하는 외부활동은 무엇인가요? 그 이유는요?

11 당신이 꼽을 수 있는 친구는 누구 누구인가요?

12 그들은 어떤 시절의 친구인가요?

13 혹시 그들만의 공통점이 있나요?

14 지금 가장 자주 만나는 친구들은 누구인가요?

15 그들과 만나면 주로 하는 것은 무엇인가요?

16 결혼한 여자라면 결혼 전 친구들과 자주 만나나요?

17 결혼한 남자라면 친구의 가족과도 자주 만나나요?

18 만난 지 오래됐지만 꼭 한 번 다시 만나고 싶은 사람이 있나요?

19 그(그녀)는 누구이며 다시 만나고 싶은 이유는요?

20 그(그녀)를 만나 하고 싶은 일이 있나요?

21 누군가와 헤어지는 고통을 크게 경험한 적이 있어요?

22 언제, 누구와의 헤어짐인가요?

23 그 고통을 어떻게 극복했어요?

24 상실의 아픔으로 괴로워하는 누군가에게 해주고 싶은 말이 있다면?

25 친한 친구와 크게 싸운 적이 있나요?

26 그 이유는 무엇이고 어떤 방법으로 화해하나요?

27 다른 사람들을 움직이고 싶을 때 당신이 자주 쓰는 방법은 무엇인가요?

28 지금 가장 보고 싶은 친구는 누구예요? 그 친구와 함께 하고 싶은 일은
    무엇인가요?

29 당신은 다른 사람을 리드하는 편인가요? 아니면 누군가의 리드를 따
    르는 편인가요?

30 당신은 다른 사람을 내 뜻대로 움직이게 하고 싶은 욕구가 많은가요?
    그럴 때 당신이 자주 쓰는 방법은 무엇인가요?

31 지금 당장 가장 보고 싶은 친구는 누구예요? 그 친구와 함께 하고 싶은
    일은 무엇인가요?

how to...

2 헬렌 켈러에게는 셜리반 선생이 그런 친구겠지요.

11 저는 또래의 친구가 많은 편은 아닙니다. 대신 일을 하며 만난 많은 사람들과 아주 오랫동안
   교류하며 삽니다. 외향적인 성격으로 누군가와 경계 없이 친하게 지내지 않습니다. 제 삶을

송두리째 보여주며 속을 털어놓을 수 있는 친구는 많지 않아요. 친구에 대한 질문에 답을 하며 느꼈는데, 저는 참으로 깍쟁이입니다.

• 질문그룹6. **재능과 능력 혹은 지식과 커리어에 대해**

많은 자기계발서들의 주제는 '당신이 진정으로 하고 싶은 것을 하라'는 것에 맞춰 있다. 놀라운 것은 자신이 원하는 것이 무엇인지 모르는 사람이 대부분이라는 것이다. 원하는 것을 알아도 그것을 이루기 위해서는 많은 노력이 필요한데, 아예 원하는 게 없거나 모르겠다는 이들이 많다. 이들은 그것을 알아내기 위해 또 다른 자기계발서를 읽는다.

같은 고민을 상담해오는 젊은 친구들을 접하며 그 이유를 곰곰이 생각했다. 그리고 내린 결론은 자신의 감정에 매우 인색하기 때문이라는 것이다. 자신의 느낌과 생각에 최대한 귀와 마음을 기울여 포착하기보다는 다른 사람의 느낌과 생각에 내 것을 비교하고 맞추려다 보니 내 것을 알아채는 훈련이 안 되었기 때문이다.

이번 질문들은 자신이 원하는 게 뭔지도 모르고 사는 많은 사람들로 하여금 그 답을 찾을 수 있도록 도와줄 것이다. 당신의 타고난 재능에 대해 알 수 있는 매우 소중한 질문들이므로 다른 것에 전혀 신경쓰지 말고 오로지 당신의 느낌이 알려주는 답을 찾으라.

1 당신은 무슨 일을 하세요?

2 당신의 직업은 무엇인가요?

3 당신이 일을 할 때 가장 중요하게 여기는 것은 어떤 점인가요?

4 지금까지 당신이 주로 해온 일에는 어떤 공통점이 있나요?

5 당신의 어떤 점이 그 일에 적합하다고 생각하세요?

6 조직에서 당신은 리더인가요? 아니면 리더를 따르는 편인가요?

7 당신 단독으로 진행한 프로젝트가 있으세요? 언제 수행한 어떤 프로젝트인가요?

8 당신의 어떤 능력이 그 프로젝트를 맡을 수 있었다고 생각하나요?

9 당신은 세상 돌아가는 일을 어떻게 파악하세요?

10 자기계발 차원에서 받아온 재교육 프로그램은 어떤 게 있나요?

11 오랫동안 혼자 해온 공부가 있나요?

12 박람회나 회의, 학회 등에 참가한 적이 있나요? 어떤 박람회였나요? 그때 당신의 소감은 어땠어요?

13 당신은 충분히 공부했다고 생각하세요?

14 공부를 더 하고 싶으세요? 어느 분야의 공부를 더 하고 싶은가요?

15 더 하고 싶은 공부를 시작하지 않은 이유가 궁금합니다.

16 당신이 생각하는 문제가 해결된다면 당장 공부를 시작하겠어요? 아니라면 이유는요?

17 당신이 가장 좋아하는 일은 어떤 종류의 일인가요?

18 당신이 가장 쉽고 재미있게 해내는 일은 어떤 유형이지요?

19 동료나 주위에서 가장 높이 평가하는 당신의 재능은 무엇인가요?

20 당신이 하는 일 가운데 죽어도 포기할 수 없는 것이 있다면요?

21 당신이 주로 칭찬 받는 것은 어느 분야의 일인가요?

22 당신에게 가장 큰 만족감을 주는 일은 어떤 것인가요?

23 당신이 전문가로 통하는 분야가 있나요?

24 다른 사람들이 당신에게 도움을 청할 땐 주로 어떤 경우인가요?

25 다른 사람을 가르칠 수 있는 지식이나 능력이 있다면 무엇인가요?

26 다른 사람을 가르친 실제 경험이 있나요? 어떤 주제, 내용이었나요?

27 당신이 가장 많이 배우고 경험한 분야는 어느 쪽인가요? 그 분야에서 요구되는 가장 중요한 자질은 무엇인가요?

28 다른 사람에게 절대 양보하고 싶지 않은 일은 무엇이지요?

29 당신은 무엇을 할 때 가장 재미있고 신이 나나요?

30 시간 가는 줄 모르고 몰두하게 만드는 것이 있다면 무엇인가요?

31 당신의 창의력을 자극하는 분야는 어느 쪽인가요?

다음 빈 칸을 메워보세요.

32 나는 _____을 참 잘한다.

33 다른 사람이 내게 부러워하는 것은 _____하는 능력이다.

34 죽는 날까지 단 하나의 일을 해야 한다면 무엇을 하겠어요?

35 당신이 누구보다 잘하는 일은 무엇인가요?

36 당신이 해온 일 가운데 큰 노력 없이도 늘 성과가 좋았던 일이 있다면 무엇인가요?

37 다른 사람이 하는 것을 지켜보기보다는 주로 직접 하는 일이 있다면 무엇인가요?

38 앞으로 좀 더 많이 배워보겠다고 벼르는 것이 있다면 무엇인가요?

39 지금까지 당신이 해온 일 가운데 두고두고 자랑스러운 성취의 경험은 무엇인가요?

40 그 일만 했다 하면 기분이 좋고 행복하고 결과까지 좋은 일이 있다면 무엇인가요?

41 당신이 가장 정열적으로 대하고 많은 힘과 에너지를 쏟아붓는 일은 무엇인가요?

42 주위 사람들의 나에 대한 평가 중 공통된 것은 무엇인가요?

43 책장에 꽂힌 책 가운데 가장 많은 종류는 무엇인가요?

44 당신이 가장 오래 해온 일은 무엇인가요?

45 그 분야에서 특히 당신의 장점이 두드러지는 것은 무엇인가요?

46 남들이 나를 소개할 때 주로 하는 말은 무엇인가요?

47 돈이나 시간 등 어떤 제약도 없다면 당신이 하고 싶은 일은 무엇인가요?

48 〈예순 살이 되면〉이라는 비틀스의 노래가 있습니다. 예순 살 당신의 생일에 당신은 어떤 사람이 되어 있고 싶습니까?

49 직업을 선택할 때 당신의 기준은 무엇이었나요?

50 다시 직업을 선택해야 한다면 그 기준은 무엇인가요?

51 학창시절 당신은 어떤 타입이었나요?

52 학교 다닐 때 주위에 소문 자자했던 자랑할 만한 재주나 능력이 있었나요?

53 그 능력은 어떻게 갖춘 것인가요? 타고났나요, 아니면 노력해서 갖췄나요?

54 그 능력은 지금도 여전히 당신의 장점인가요?

55 사회에 진출한 후 당신이 주로 한 일과 핵심능력이 무엇인지 찾아보기로 해요? 다음 표를 채우세요.

직장/혹은 일	그곳에서 주로 한 일	그 일을 하는 데 필요한 기술이나 능력은?
직장/혹은 일1		
직장/혹은 일2		
직장/혹은 일3		
직장/혹은 일4		
직장/혹은 일5		

56 학교나 직장생활 외에 당신이 주력한 것이 있다면 무엇인가요?

57 대학을 나왔다면 학과를 선택한 이유는 무엇인가요?

58 첫 직장에서 당신이 한 일은 어떤 것이었나요?

59 첫 직장에서 한 일을 지금도 하고 있나요? 또 앞으로도 계속할 생각인가요?

60 누가 봐도 탁월한, 당신이 자랑해마지 않는 능력은 무엇인가요?

61 그 능력은 언제 길러졌나요?

62 그 능력을 객관적으로 증명할 자료가 있나요?

63 당신의 직업을 선택한 계기가 무엇인가요?

64 다시 선택할 수 있다면 지금 하는 그 직업을 택할 건가요?

65 다시 선택할 수 있다면 당신은 어떤 직업, 어떤 일을 하고 싶나요?

66 하고 싶은 일을 지금 하지 않는 이유는 무엇인가요?

67 그 어떤 제약도 없다면 당신은 그 일을 시작하겠어요?

68 그 어떤 제약도 없다면 당신은 무엇을 하고 싶나요?

69 당신을 시장에서 판다면 사람들이 왜 당신을 사갈까요?

how to...

1.2 직장 말고 당신이 하는 일, 그 업(業)의 본질에 대해 쓰세요. 시세이도화장품의 마에다 신조 회장은 자신이 하는 일은 피부를 아름답게 하는 일을 너머 내면을 아름답게 가꾸는 것이라고 합니다.

17 『공부도둑』을 쓴 장회익 교수는 하고 싶은 것도 좋아하는 것도 잘하는 것도 공부라고 합니다.

47 디지털아티스트 오진국 선생은 쉰 살이 넘어 어릴 때의 소망대로 그림을 다시 그리기 시작했습니다. 색약으로 미대 진학의 꿈을 접고 30년을 딴청하다가 마침내 하고 싶은 일을 다시 시작하자 눈에 진물이 나도록 그림을 그립니다. 그림을 다시 그리기 시작한 지 7, 8년밖에 안 되었지만 이미 그가 만들어낸 작품은 3천 점이 넘습니다.

60 『권력의 법칙』을 쓴 작가 로버트 그린은 역사 속 거인들은 '다른 사람들과 구별되는 한 가지

기술이나 특유의 자질'을 가졌으며, 이것이 그들의 성공요인이었다고 했습니다. 다른 이들보다 좀 더 잘하는 것이 아니라, 누가 봐도 당신을 다른 이들과 구별짓게 만드는 당신의 탁월한 능력이 있습니까?

• 질문그룹7. **인생을 지배한 것들에 대해**

중학교 1학년 도덕책, 「삶의 의미와 도덕」 편에 '나의 인생곡선 그리기'라는 내용이 있다. 인생곡선 그리기란 그동안 살아오면서 기억에 남는 일 혹은 당신의 인생에 긍정적이든 부정적이든 영향을 미친 일들을 인생곡선 그래프에 표시하는 것이다. 이 작업은 자기계발을 목표로 한 각종 워크숍에서 빠지지 않고 등장하는 도구다. 이것은 현재 당신이 존재하기까지 당신에게 영향을 미친 모든 것을 파악함으로써 그것의 의미를 이해하고 당신의 미래를 제대로 설계할 수 있도록 한다. 이것이 인생곡선을 그리는 목적이다.

삶은 당신에게 꼭 필요한 특정 메시지를 남기기 위해 어떤 방법으로든 당신의 삶에 관여한다. 인생곡선 그리기를 통해 당신의 의식 아래에서 끄집어내 올려지는 사건들은 메시지의 은유다. 따라서 당신 속 이야기를 찾아내는 과정에서 인생곡선 그리기 작업이 가장 중요하며 결정적인 단계다.

인생곡선 그리는 방법

당신의 기억에 뚜렷이 남은 어떤 일이나 사건 혹은 이슈가 행복했거나 기뻤던 일이었으면 위쪽에, 그렇지 못했으면 아래쪽에 표시한다. 행복이나 기쁨의 정도가 크면 클수록 표의 위칸에 표시될 테고 불행이나 슬픔의 정도가 크면 클수록 아래칸에 표시될 것이다. 사람에 따라 그런 일들이 여러 번

되풀이될 수도 있고 단 한 번만 있을 수도 있다.

아래 표에 당신의 인생곡선을 그려보라. 다른 사람을 의식하지 않고 솔직하게 표시해야 하는 만큼 당신 혼자서 하는 게 좋을 수도 있다. 나도 인생곡선 그리기를 통해 내 삶에서 반복되던 패턴을 찾았고, 그 원인과 배경까지 찾을 수 있었다. 막연히 생각하던 것을 확연하게 알게 된 그때의 놀라움이 아직도 생생하다. 인생곡선 그리기는 그 어떤 방법보다 자신의 삶을 한눈에 볼 수 있어 유용하다.

인생곡선을 다 그렸으면 표를 보면서 다음 질문에 답해보자.

1 인생곡선에 나타난 당신이 가장 행복한 때는 언제인가요?
2 인생곡선에 나타난 당신이 가장 불행한 때는 언제인가요?
3 인생곡선에서 긍정적이거나 부정적으로 반복되는 패턴이 있나요?
4 당신의 인생곡선에서 계속되는 긍정적인 패턴은 어떤 것인가요?

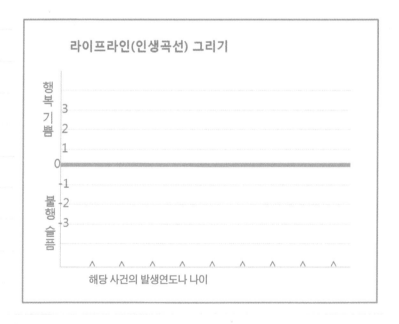

5 당신의 인생곡선에서 계속되는 부정적인 패턴은 어떤 것인가요?

6 인생곡선에서 당신 삶을 지배해온 요인이 드러나나요? 그것은 무엇인가요?

7 당신이 행복하거나 기쁠 때, 그 이유는 주로 무엇에 의한 것이었나요?

8 당신이 성공했을 때, 당신의 어떤 점이 작용했다고 생각하나요?

9 당신이 행복했을 때, 다른 이들도 당신의 행복을 기뻐했나요? 아니라면 왜 그랬나요?

10 당신이 최고로 행복했을 때, 당신을 빛나게 한 최고의 자산은 무엇이라 생각하나요?

11 당신이 불행했을 때마다 당신 곁에 늘 있었던 것은 무엇인가요?

12 그것을 없애기 위해 당신은 어떤 행동을 했나요?

13 문제에 직면했을 때 주로 당신은 어떻게 행동하는지요?

14 당신을 흥분시키는 새로운 가능성이 있다면 무엇인가요?

15 아무런 제약이 없다면 당신은 앞으로 무엇을 하고 싶은가요?

16 지금 그것을 하지 못하는 가장 큰 이유는 무엇인가요?

17 하지 못하는 이유가 해소되면 당신은 정말 그것을 잘할 수 있을까요?

18 당신의 소명에 대해 생각한 적이 있나요? 그렇다면 그것은 무엇이라 생각하지요?

19 위에서 언급한 당신의 소명에 대해, 왜 그렇게 생각하나요?

20 당신이 이 세상에 태어난 특별한 이유가 있다고 생각하나요? 그 이유는 무엇일까요?

21 당신이 일반적으로 가장 잘하는 것은 무엇인가요? 그것과 당신의 소명이 연결되어 있다고 생각하나요?

22 당신이 가장 중요하게 여겨온 가치는 무엇인가요?

23 당신의 일생을 지배해온 사건이나 사람이 있는지 얘기해주세요.

24 구체적으로 어떤 일이 있었어요? 지금은 그 영향력에서 벗어났나요?

25 다시 그 상황이 된다면 그래도 같은 영향을 받을 것 같은가요?

26 다시 경험하고 싶은 행복한 경험은 무엇이에요?

27 인생곡선에서 가장 도드라지는 사건이나 퍼포먼스나 이벤트나 결과
나 성과는 무엇인가요? 그 경험이 당신에게 어떤 메시지를 안겨주었
다고 생각하나요?

how to...

1.2 아이가 학교에서 인생곡선을 그려온 적이 있습니다. 무심코 보다가 아주 많이 놀랐습니
다. 초등학교 4학년 때 아이를 미국으로 유학 보냈었는데, 그때가 아이에겐 가장 불행했
다고 표시되었더군요. 당연히 유학을 중도에 포기하고 귀국했을 때 다시 행복해졌고요.
자신이 태어난 날이 13년 생애의 가장 행복했던 날이라고 표시한 것을 보고 자존감이 높
아 다행이라 생각했습니다.

10   제가 가진 최고의 자산은 창의적으로 생각하고 매혹적으로 표현하는 능력입니다. 지금과
같이 창의력이 중요한 가치인 시대에 굉장한 자산이라 자긍심이 높답니다.

22 배우 안젤리나 졸리는 문신중독자라 여겨질 만큼 온몸에 문신을 한다고 합니다. 그녀는
자신의 삶의 철학인 '노력과 눈물'을 문신으로 새겼지요. 그녀의 이같은 삶의 철학은 영국
전 수상 처칠 경에게 영감을 받았다고 합니다.

23 제 일생을 지배해온 사건은 아이의 탄생입니다. 한 아이가 제 몸을 빌려 태어난다는 것이,
누군가의 엄마가 된다는 것이 제게 이렇게 큰 영향을 미칠 줄은 미처 몰랐습니다. 농담 삼
아 제게는 아이가 태어난 1994년이 AD원년입니다.

26 여성잡지를 만들며 보낸 기간이 참으로 행복했습니다. 그땐 사심 없이 일에만 몰두했던
정말 행복한 시간이었습니다. 저의 재능과 장점이 끝없이 부각되던 때였고, 누군가에게
영향력을 미치기도 했으니까요. 지금 다시 선택의 기회가 주어진다면, 유력한 잡지의 발
행인보다는 편집장으로 돌아가고 싶습니다.

• 질문그룹8. **기억 한 구석에 잠들어 있는 나의 꿈**

영화 〈즐거운 인생〉이나 〈브라보 마이라이프〉는 먹고사는 일에 치여 젊은 날의 꿈을 접고 살던 중년의 남자들이 밥보다 소중한 꿈을 되찾는다는 이야기다. 살아 있다는 것만큼 귀한 것이 없고 살아 있는 한 성장한다는 귀띔에도 불구하고, 우리는 밥벌이에 전전긍긍하며 하루하루 막막하게 산다. 꿈은 밥벌이에 어떤 도움도 주지 않지만 꿈이 없다면 지쳐 쓰러졌을 때 일어나기 힘들지도 모른다.

꿈을 품고 있다는 자체로 세상의 주인이 된 듯 뿌듯했던 시절이 당신에게도 있었는가? 꿈은 한 번 품으면 이룰 때까지 절대 사라지지 않는다. 조심스럽게 당신 품 안의 꿈을 뒤져보자.

1 어렸을 때 당신은 무엇이 되고 싶었나요? 어떻게 살고 싶었나요? 오랫동안 지녀온 당신의 꿈에 대해 이야기해주세요.

2 지금 당신은 그 꿈을 이루었나요? 아니면 이뤄가는 중인가요?

3 어딘가에 당신의 꿈에 대해 써두었나요? 뭐라고 썼나요?

4 그 꿈은 무엇인가요? 그 꿈을 갖게 된 계기는 무엇인가요?

5 지금 당신의 꿈은 무엇인가요?

6 당신이 가졌던 꿈들은 무엇이었나요?

7 그 꿈들의 공통점은 무엇인가요?

8 그 꿈을 왜 아직 못 이루었나요?

9 그 꿈을 이루기 위해 가장 필요한 것은 무엇이라 생각하세요?

10 당신의 꿈을 이루는 데 가장 큰 장애는 무엇인가요?

11 그 장애를 해결하는 방법은 무엇이지요?

12 그것을 위해 지금 당장 할 수 있는 일은 무엇인가요?

13 당신이 최근 새로 시작한 일이 있나요?

14 그것은 무엇이며 새로 시작한 계기는 무엇이지요?

15 그것을 시작할 때 주위의 반대가 없었나요?

16 주위의 반대를 어떻게 물리쳤나요?

17 무엇인가를 선택할 때 당신의 기준은 무엇인가요?

18 죽기 전에 꼭 해보고 싶은 것이 있나요?

19 왜 지금은 그것을 하지 못하지요?

20 지금 당신에게 가장 크고 절대적인 관심사는 무엇인가요?

21 그것을 해내기 위해 당신은 어떤 노력을 하고 있나요?

22 주기적으로 봉사활동을 하고 있나요?

23 어떤 계기로 시작하여 얼마나 하셨나요?

24 주위 사람들에게 봉사활동을 권하는 편인가요? 어떤 말로 권하는지요?

25 주말과 휴일엔 주로 어떻게 보내나요?

26 주말과 휴일을 보내는 방법은 누가 결정합니까?

27 주말과 휴일을 보내고 나면 흡족한가요?

28 주말이나 휴가를 어떻게 보내면 좋을지 생각한 적이 있나요?

29 지금까지 살아오면서 당신이 포기했던 것 중 가장 아쉬운 것은 무엇인
   가요?

30 그것을 왜 포기했나요?

31 지금 다시 기회가 주어진다면 그것을 해내겠어요?

32 그것을 해내기 위해 당신이 가장 먼저 해야 할 일은 무엇인가요?

33 그 어떤 제약도 없다면 당신은 지금 당장 무엇을 하고 싶은가요?

34 당신의 경험 가운데 가장 자랑스러운 것은 무엇인가요?

35 당신의 경험 가운데 스스로 가장 만족스러운 것은 무엇인가요?

36 당신의 능력 가운데 가장 가치있는 것은 무엇인가요?

37 다른 사람에게 한 일 가운데 가장 가치있는 것은 뭔가요?

38 다른 이들이 당신에게 가장 고마워하는 것이 있다면요?

39 당신이 꼭 이루고 싶은 것이 있다면 무엇인가요?

40 그 목표를 위해 당신이 지금 우선 해야 할 일은 뭔가요?

41 그 목표를 위해 지금 당장 그만둬야 할 것은 뭔가요?

how to...

1 이제 와서 곰곰이 생각해보니 초등학교 다닐 때 제 꿈은 판사였습니다. 신기한 것은, 당시 시골에서 살았는데 제 주위에는 판사도 없었고 판사를 본 적도 없었다는 것입니다. 판사라는 직업을 책에서나 접했을까요? 그런데도 판사를 꿈꾸었습니다. 고등학교 때 꿈은 잡지사 기자였습니다. 판사는 되지 못했지만 잡지사 기자의 꿈은 이루었습니다.

39 이제는 특별히 이루고 싶은 목표가 없습니다. 한때는 저도 목표를 구체화하기 위해 잡지에서 오려낸 사진을 잘 보이는 곳에 붙여놓곤 했는데 이제는 다릅니다. 특정 목표에 매이기보다는 우선 내가 하고 싶은 것에 집중합니다. 영화 〈댄인러브〉를 보셨나요? 이런 내러티브가 흐르지요? "아이들에게 계획을 강요하기보다 하고 싶은 것에 빠지게 하라." 저도 같은 생각입니다.

• 질문그룹9. **이제 나는 이렇게 살아야겠다**

사는 게 뭔지도 모르고 사는 것이 인생이라 한다. 살아봐도 모르겠고 책을 봐도 모르겠고 누군가에게 물어봐도 모르겠다고 한다. 그래서인가 사는 건 사는 게 아니라 살아내는 거라는 자조 섞인 해석도 있지만, 아무리 그래도 이렇게 저렇게 살고 싶다는 바람이나 결심 없이 사는 삶은 너무 힘겨울 것 같다.

자고나면 사라질지라도 지금은 꿈을 꾸어야 한다. 살고 싶은 삶을 그리며 앞날에 희망을 가져야 한다. 새우처럼 가난해도 꿈은 고래처럼 크게 가지라고 했던가. 앞에서 지난 삶을 반추하는 동안 삶이 당신에게 어떻게 말을 걸어왔는지 느꼈으리라 생각한다. 이제는 당신이 삶에게 말을 걸어보자. 나는 이제 이렇게 살아야겠다고. 다음 질문들이야말로 당신이 이야기를 써야 하는 이유를 담고 있다.

1 지금 하고 있는 것에 대해 그 전에 알았다면 지금까지 그 일을 계속할 것인가요?

2 당신에게 "어떻게 살면 되나요?"라고 묻는 후배가 있다면 그들에게 들려주고 싶은 말은 무엇일까요?

3 당신의 묘비명에 어떤 글이 쓰이면 좋겠어요?

4 당신은 죽은 뒤 자녀들에게 어떻게 기억되고 싶은가요?

5 당신은 죽은 뒤 주위 사람들에게 어떻게 기억되고 싶은가요?

6 지금까지 당신의 삶은 한마디로 어떠했나요? 점수를 준다면 몇 점이나 줄 것인가요?

7 앞으로 당신의 삶에 가장 중요한 것은 무엇이라 생각하나요?

8 다른 건 몰라도 이것 하나만은 꼭 하겠다고 벼르는 것이 있나요?

9 지금까지 살아온 당신의 삶을 한 편의 연극이라 생각하고 제목을 붙여보세요.

10 지금까지도 그랬지만 앞으로도 절대 양보할 수 없는 당신 삶의 대원칙은 무엇인가요?

11 당신이 지치고 힘들 때마다 위로가 되어준 명언이나 명구를 소개해주세요.

12 1년의 유급 안식휴가를 받는다면 무엇을 하고 싶나요?

13 반드시 당신이 하고 싶은 일을 하는 데 써야 하는 조건으로 10억의 유산을 받게 된다면 당신은 그 돈을 무엇에 쓸까요?

14 지금 당신에게 가장 중요한 사람은 누구인가요?

15 그 중요한 사람과 우선 해야 할 일은 무엇인가요?

16 최근 당신에게 일어난 중요한 일은 어떤 일인가요?

17 그 일이 왜, 어떤 의미에서 당신에게 중요한가요?

18 젊은 친구들이 당신을 닮고 싶어한다면 어떤 점 때문일까요?

19 그들에게 당신은 어떻게 보일까요?

20 그들에게 당신은 어떻게 보이고 싶은가요?

21 당신 이야기 제목으로 붙이고 싶은 책 제목이나 영화 제목이 있다면
　 무엇인가요?

22 당신이 가진 것 가운데 가장 소중한 세 가지는 무엇일까요?

23 당신이 꼭 갖고 싶은 세 가지는 무엇일까요?

24 지금껏 미뤄왔지만 꼭 하겠다고 결심한 일이 있나요?

25 그것을 위해 무엇부터 할 것인가요?

26 그것을 위해 하지 말아야 할 것이 있다면요?

how to...

1　피터 드러커가 한 말이지요?

3　대중가수로는 처음으로 예술의전당 무대에 선 가수 조영남은 재미에 살고 재미에 죽겠다는
　 사람입니다. 그는 일찍이 '웃다 죽다 조영남'이라는 묘비명을 작성해놓고 죽기 전까지는 악
　 착같이 재미있게 살려고 노력한답니다. 유명한 시의 한 구절처럼 많은 사람들이 애용하는
　 묘비명도 있습니다. '우물쭈물하다 내 이럴 줄 알았지.' 이 묘비명의 주인은 영국 비평가 버
　 나드 쇼입니다.

5　알프레드 노벨은 1895년 11월, 미리 써둔 유서를 공개하며 자신의 전 재산을 털어 전 인류
　 에게 의미있는 상을 만들겠다고 선언했습니다. 그가 이러한 결심을 하게 된 것은 잘못 전해
　 진 자신의 부음 때문이었습니다. 언론은 그가 죽은 줄 알고 이렇게 부음기사를 썼습니다.
　 "죽음의 상인, 사망하다." 사후에 자신이 이렇게 기억될 것이라는 것에 충격을 받은 노벨은
　 스스로에게 물었겠지요. '나는 무엇으로 기억될 것인가?' 그 결과 죽음의 상인이 아니라 인

류에게 큰 의미가 되는 상을 만든 사람으로 기억되었답니다.

8 허영만 화백이 쓴 『꼴』이라는 만화에서 주인공은 관상을 배우러 스승님을 찾았습니다. "관상을 배우는 데 3년이나 걸린다"는 말을 듣고 난처해하는 주인공에게 사부는 이렇게 말합니다. "관상을 배우지 않고도 3년은 흘러간다." 맞습니다. 당신이 무엇을 하든 그리고 하지 않든 시간은 흘러가기 마련입니다. 피터 드러커는 4년마다 새로운 주제로 공부하겠다고 결심했고, 스피노자는 목적을 달성하는 데 방해되지 않는 일반적인 관습은 가급적 따르고 쾌락은 건강을 유지하는 데 필요한 만큼만 누리자고 결심했답니다.

10 루소에게 양보할 수 없는 대원칙은 "원하는 것을 하는 것보다 원하지 않는 것을 하지 않겠다"는 것이었고, 저의 대원칙은 자유를 헐값에 팔지 않겠다는 것입니다.

11 한 거대왕국의 왕이 좋을 때나 슬플 때나 펼쳐보면 좋을 문구를 찾으라고 명을 내렸더니 신하들이 다음과 같은 글을 바쳤다 합니다. "이것 또한 지나가리니."

26 아인슈타인이 그랬답니다. "늘 하던대로 하면서 변화가 있기를 바라는 것은 미친 짓이다."

• 질문그룹10. 내가 나에게 묻기를

적지 않은 분량의 질문 리스트임에도 불구하고, 정작 당신에게 중요한 것들을 빠뜨렸을 수 있다. 당신 스스로에게 질문하라. 평소 입 밖으로 내기 꺼렸던 질문일수록 더욱 좋다. 당신이 원하는 답을 쓸 수 있도록 질문을 만들어라.

1.

2.

3.

4.

5.

6.

7.

8.

9.

10.

자신을 섬세하게
들여다보라

"삶의 방향을 스스로 결정하기 위해 자
퇴를 결심했다." 배우 정우성이 어려웠던 지
난 시절에 대해 털어놓으며 한 말이다. 그는

2008년 12월 방송된 〈박중훈쇼-대한민국 일요일밤〉을 통해 이렇게
고백했다. 정우성은 "집안 형편이 어려워 중학교 시절부터 아르바이
트를 했다. 하지만 결국 생계 문제로 인해 고등학교를 중퇴할 수밖에
없었다. 하지만 단 한 번도 그 시절을 원망한 적은 없다. 오히려 삶의
방향을 스스로 결정하려고 했다"고 밝혔다.

그는 차분한 어조로 자신의 자퇴는 단순한 자퇴가 아니라 삶의
방향을 스스로 결정한 선택이었음을 강조했다. 그러기에 자신의 최
종학력 '중졸'은 숨겨야 할 못생긴 흉터가 아니라 영광의 상처라고 의
미를 부여했다. 그의 이같은 고백은 고등학교 중퇴 사실에 대해 처음
언급한 것이어서 많은 사람들이 그의 이야기에 귀를 기울였다.

정우성은 당시 누구도 학교를 계속 다니라고 말해주는 사람이 없었으며 "나중에 내 아이에게는 학교에 다녀야 할 명확한 이유를 말해주며 정규교육을 시키겠다"고 말했다.

지금껏 연기를 하는 잘생긴 배우쯤으로 알고 있던 정우성. 그의 이야기를 듣고 어느새 나의 뇌리에는 그에 대한 새로운 평가가 각인됐다. '상당한 통찰을 지닌 말 잘하는 깊이 있는 배우.' 자신의 입으로 자신을 이야기함으로써 자신에 대한 평가를 긍정적으로 고정시킨 정우성의 사례를 보며 나는 이야기 바이러스의 힘을 실감했다. 다음날 인터넷은 정우성의 이야기 바이러스로 온통 전염되었다.

당신도 당신의 이야기를 해야 한다. 자신의 이야기를 하려면 당신 자신을 알아내는 일부터 시작해야 한다. 존 로널드 로엘 톨킨이 쓴 『호빗』에서 마술사 간달프가 자신감이 없어 고민하는 영웅 빌보 배긴스에게 이렇게 말한다. "당신이 알고 있는 그 이상의 무엇이 당신에게 있다." 그렇다. 당신도 당신이 알고 있는 이상의 것이 당신에게 있음을 믿어라. 그리고 그것을 찾아내라.

가장 먼저 당신을 들여다보라

자신을 살펴보고 알아내는 능력을 '초인지(Metacognitive) 능력'이라 한다. 일본 출신 미국 메이저리그 야구선수 스즈키 이치로는 자신을 들여다보는 데 귀신이다. 이치로의 성공 비결은 야구에 대한 본능보다 초인지능력이 누구보다 발달했기 때문이라고 말하는 사람도 있다.

TV에서 이치로를 볼 때마다 나는 그의 유니폼 품새를 생각한다.

그는 시합을 하는 동안 베이스를 향해 달릴 때 몸에 뭔가가 휘감기는 느낌을 가졌다. 처음엔 몸에 이상이 있는 줄 알았다. 결국 유니폼 바지 자락 때문이란 걸 알아내는 데 5년이나 걸렸다. 해결방안은 스타킹 올려 신기. 뿐만 아니다. 그는 홈경기 때는 아내가 싸주는 일본식 카레라이스만 먹고 원정경기 때는 치즈피자만 먹는다. 어떤 음식을 먹을 때 최상의 컨디션으로 경기에 임할 수 있는지 스스로를 관찰하여 얻어낸 데이터다. 제3자가 관찰하듯 자신을 객관적으로 관찰하는 초인지능력이 아니고서는 불가능한 일이다. 초인지능력은 타고나는 재능이라고 알려져 있지만 나는 훈련하면 얼마든지 후천적으로 가질 수 있는 능력이라 생각한다.

나는 나의 더듬이에 새롭게 걸려드는 것들에 대해 물음표를 던지는 버릇이 있다. 그런 장점을 살려 『성공하는 사람들의 관찰습관』이라는 책도 냈다.

특히 나 자신을 관찰하는 데 명수다. 내가 무엇을 생각하고 왜 그런 생각을 하며, 나의 행동에 어떤 의미가 있고 내가 바라는 것이 무엇이며, 그래서 어떻게 하면 될지를 늘 살핀다. 물론 타고난 습성은 아니다. 사회의 촉각인 언론매체에서 일하며 생존을 넘어 경쟁력을 확보하려다 보니 늘 더듬이를 곤두세우며 살아야 했고 더듬이가 극도로 예민한 상태를 유지하도록 애써야 했다.

나 자신을 살피는 일도 그저 돌아보는 정도로는 미흡하다. 낱낱이 쪼개보고 샅샅이 뒤져본다는 표현이 맞을 것이다. 마치 X-레이를 투사하듯 나를 훑는 것이다.

나는 하루에도 몇 번씩 멀거니 앉아서 생각한다. 내가 뭘 원하는

가, 내가 뭘 싫어하는가, 그것에 대해 어떻게 생각하는가, 싫어하는
이유는 무엇이며 좋아하는 이유는 또 무엇인가. 내 행동을 남의 것인
양 낯설게 지켜본다. 나와 가족, 아이와 친구, 이웃들과의 관계에 대
해서도 생각한다. 덕분에 나는 남이 갖지 못한 경쟁력을 가졌는데 내
가 무엇을 느끼고 생각하는지를 알아차리고 그 근원을 찾고 근거와
사례로 증명하는 능력이다.

　내가 그러하듯 당신의 경험과 생각은 당신이 관심을 갖는 분야에
서 단연 최고다. 그러므로 당신도 자신의 뼛속 깊이까지 파고들어가
당신만의 이야기를 발굴해내기를 권한다.

당신의 느낌이 옳다

　나는 네이버에 소개되는 카툰을 열심히 찾아본다. 볼 때마다 재
밌다. 싱겁지만 의미있게 웃는다. 많은 이들의 공명을 끌어낸 카툰은
분명 공통점이 있다. '맞아, 나도 그래. 나 같은 사람이 또 있구나' 하
는 생각이 들 때 해당 카툰에 대한 공명은 극에 달한다. 나만 그런 줄
알고 창피해하던 생각이나 느낌일수록 다른 사람도 그렇다는 것을
알게 될 때, 그 순간의 공명은 엄청나게 파워풀하다.

　대부분의 사람들이 자신의 이야기하기를 꺼리는 것은 자신의 생
각과 느낌에 자신이 없기 때문이다. 유명한 심리학자 장 피아제는 독
창적인 연구로 인지심리학의 새 길을 연 성과를 인정받고 있다. 놀랍
게도 그의 연구는 그의 세 아이를 집요하게 관찰한 결과물이다. 연구
보고서가 제출되기 전에 이런 사실이 알려졌더라면 많은 비웃음을
사고 사람들이 거들떠보려 하지도 않았을 테지만, 당시 연구보고서

의 위력은 대단했다.

어떻게 하면 내 생각과 느낌, 내 이야기에 자신을 가질 수 있을까? 결론부터 내려보면 이렇다.

당신의 생각을 믿어라. 당신의 느낌, 생각 그것이 정답이다. 맞고 틀리는 문제가 아니라 당신이 생각하고 느꼈다면 그것이 전부란 말이다. 이제 할 일은 그 생각과 느낌을 받쳐줄 논리적 근거와 그것을 보다 잘 설명해줄 에피소드들을 취합하여 잘 꿰는 것이다. 이것이 바로 이야기 바이러스를 만들어내는 작업이며 연설하기이며 글쓰기이며 책쓰기다.

이렇게 쉬운 작업을 못하는 사람들에게도 이유는 있다. 나는 그 이유들을 수없이 들어왔는데, 배경은 모두 같다. 자신의 느낌과 생각을 알아차릴 겨를을 주지 않는 것이다. 홀로 차분하게 머무는 시간을 선물하지 않기 때문이다. 그러고는 그저 밖만 기웃거린다.

고독 속에 갇혀라

워런 버핏, 게리 해멀, 빌 게이츠. 이건희…… 이들의 공통점은 무엇일까? 게리 해멀은 유명한 경영학자이지만 다른 세 사람 만큼 돈이 많은지는 모르겠다. 그렇다면 이 네 사람의 공통점은? 이들은 늘 혹은 매우 자주 자신을 유배시킨다. 워런 버핏은 월가의 중심 뉴욕에서 비행기로 네 시간 거리나 떨어진 작은 지방도시 오하마에 살며 세계의 돈을 주무른다. 『월스트리트저널』이란 잡지가 뽑은 세계의 경영 대가 중 1위에 선정된 게리 해멀은 미국 샌프란시스코 공항에서 남쪽으로 40km가량 떨어진 우드사이드(Woodside)라는 산중 연구실에서 연구한다. 이건희 전 회장도 자택에서 거의 나오지 않은 채로 세상을 꿰뚫어보고 빌 게이츠 전 회장도 며칠씩 들어앉아 생각에 골몰하는 시간을 갖는다. 더 많이 보고 더 많이 듣고 더 많이 경험하고 더 많이 알아야만 더 성공할 수 있다면 이 네 사람의 사례는 무엇을 반증하는가.

일상의 수많은 일들이 번다하게 명멸하는 곳에서 자신을 들여다보고 탐험하기란 쉽지 않다. '가두어 거두라.' 이것은 나의 입버릇이다. 누구든 무엇이든 해내려면 스스로를 가두고 가둔 채로 몰두해야 거둘 수 있다는 말이다. 가능하다면 멀리 떠나는 게 좋다. 가능하다면 혼자, 가능하다면 당신의 생활지에서 멀리 떨어진 곳으로 가 며칠이고, 아니 몇 시간이고 그곳에 머물며 생각하고 고민하라.

그도 허락되지 않는다면 일상 속에 당신만의 동굴을 마련하여 수시로 칩거하라. 그 속에서 오롯이 당신만을 생각하라. 해가 저물든 눈이 내리든 아랑곳없이 당신이란 존재에 대해, 당신이 있는 곳과 있어야 할 곳과 가고 싶은 곳에 대해, 당신의 능력에 대해, 당신의 원망에 대해 생각하라. 지쳐 허물어질 때까지 생각하라.

동굴이든 머나먼 곳이든 찾아가려면 당신에게 얕은 안도와 손톱만큼의 위안을 주는 무리들에게서 벗어나는 것이 순서일 것이다. 외롭고 궁하게 당신을 몰아붙여라. 그렇게 생각의 단서를 추슬러 일상으로 귀환한 다음엔 당신 스스로에게 정직한 삶을 살아라. 세상에 무릎을 꿇는 일이 있어도 당신 자신에게는 비겁하게 굴지 마라. 그래야 당신의 이야기를 발견할 수 있고 이야기 속의 바이러스가 세상을 감염시킬 수 있다.

3

스토리텔링

: 바이러스처럼 유포되는 이야기 만들기

이야기는 우리 삶의 도구다.

케네스 버크

이야기 구슬로
진주목걸이 만들기

내 생애는 얼마나
놀라운 소설인가
_ 나폴레옹

    내면탐험을 하든, 기억을 되살리든 혹
은 당신만의 특별한 방법을 쓰든 간에 당신
속에 이미 마련되어 있던 이야깃거리를 떠올
렸다면 이제 그것을 꿰어 목걸이를 만들어야 할 때다.

    나는 이야기란 삶이라는 이름의 조개가 품은 진주라고 생각한다.
지나간 삶의 족적들은 모두 그 속에 고통을 견뎌낸 아주 큰 상처, 즉
진주를 품고 있다. 이제 그 고통은 기억조차 희미한 흉터로 남았을 뿐
이지만, 그 당시 우리는 얼마나 힘들고 아팠든가.

    신은 우리가 겪는 크고 작은 사건을 통해 메시지를 준다고 했다.
그러므로 그 고통의 흉터는 신의 메시지로 빛나는 아주 값비싼 진주
가 아니고 무엇이랴. 이러한 인식을 갖게 된 이후 나는 삶이 주는 고
통이나 상처를 겁내지 않는다. 먼 훗날 이 진주를 거둬 목걸이든 귀고
리든 반지든 만들어 보란 듯 멋을 부릴 테니 말이다.

고통 하나하나도 귀한 보석이지만 그것이 특정한 형태를 갖췄을 때 비로소 부가가치가 빛나는 장신구가 되는 것처럼 당신의 내면에서 찾아낸 소소한 이야깃거리도 그 자체로 귀하고 아름답지만 하나의 이야기로 꾸며지면 더욱 가치가 빛난다.

이제 그 어떤 직업작가의 손으로도 해낼 수 없는 아름답고 귀한 당신만의 대서사시를 지어보자. 오랫동안 하나의 원형으로 여러 다른 장르에 파급되는(one source multi-use:하나의 소재를 서로 다른 장르에 적용하여 파급효과를 노리는 마케팅 전략) 이야기 바이러스 만들기 작업을 해온 내 경험을 바탕으로 이야기 짓기의 프로세스를 소개한다.

소싱	자료 모으기 인터뷰, 탐색, 주변 취재	자료 모으기
마이닝	패턴 확보 은유 해석 일의 본질 파악 → 가설 → 확인 작업으로 검증	자료 모으기 인터뷰, 탐색, 주변 취재
콘셉팅	핵심이야기 찾기 의미포착 → 의미의 재설계 → 가치부여	차별화 요소
메시징	스토리 메이킹	이야기로 구성
스토리텔링	이슈 만들기	토픽에 맞게 재구성, 다양한 콘텐츠로 활용

소싱sourcing

앞서 제시한 내면탐험이나 회상, 소장 자료들을 통한 기억 등 다양한 방법으로 당신의 이야기를 구성할 소재를 찾는다. 소재를 찾는 대로 일목요연하게 정리해두어야 그 속에서 의미 있는 정보를 골라 내기가 쉬워진다.

• 자료 모으기: 스토리텔링해야 할 주인공이 정해지면 나는 우선 그에 관한 자료부터 모은다. 인터넷 검색을 통한 디지털 자료는 물론 언론자료, 책 등을 뒤져 제3자에 의해 만들어진 자료를 모은다. 모은 자료를 일별한 다음, 그 자료들에서 파악되는 공통점과 차이점을 가려낸다. 차이점은 어떻게 생성되었는지도 살펴 기본자료를 만든다.

• 인터뷰, 탐색, 주변 취재: 이렇게 만든 기본 자료를 토대로 당사자를 인터뷰한다. 인터뷰할 내용에 대해 미리 질문지를 보내면 당사자들은 더욱 좋아한다. 시간을 갖고 생각할 수 있기 때문이다. 더러 자신도 생각지 못했던 어떤 물음에 대하여 답을 찾는 동안 고민하던 문제가 해결되는 등의 뜻밖의 소득을 얻게 된다는 사람도 있다. 자신의 일이라고는 하나 정확하지 않거나 제대로 기억하지 못하는 경우, 반드시 사실관계를 확인한다. 이는 스스로 자신의 자료를 수집할 때도 마찬가지다. 우리의 기억은 불확실하여 사실 그대로보다는 기억하고 싶은 대로 머릿속에 남아 있는 경우가 많기 때문이다.

• 관찰과 단서 포착: 인터뷰를 하며 특별히 그가 강조하거나 여러 번 반복하여 말하는 것을 주의깊에 들어둔다. 인터뷰와 함께 그가 생활하는 환경도 탐색할 필요가 있다. 자료가 담지 못하고 당사자도 눈치 채지 못하는 많은 단서를 보여주기 때문이다.

공무원 영어 선생님으로 통하는 『8시간 6일이면 영어회화 정복한다』의 저자 박병태 씨. 법제처 서기관으로 재직하는 그는 초등학교 졸업이라는 공식 학력을 가지고도 권위있는 미국 시큐러스대학에서 행정학석사를 딴 입지전적 인물이다. 독학으로 영어를 마스터하고 그 노하우를 정리하여 2천만 원이나 들여가며 책을 출판했다. 자비로 출판한 책을 영어공부하는 데 필요하다는 사람들에게 나눠준다는 소식에 감동하여 스토리텔링을 시도했다.

저자에 대한 자료수집을 위해 우이동 자택에 인터뷰를 하러 갔다가 거실 한복판에 놓인 화이트보드를 보았다. 영어학습법 강의를 연습하기 위한 용도라 했다. 바로 영어학습법을 보급하려는 그의 의지의 상징이었다. 누가 시켜서가 아니라 단지 다른 사람들이 오랜 영어 공부의 고통에서 벗어날 수 있도록 도우며 살겠다는 그의 다짐이 빈 말이 아님을 알 수 있었다.

『꼬방동네 사람들』 등의 베스트셀러를 쓴 소설가이자 국회의원을 지낸 이철용 씨는 2007년 초, 안국동에 '통'이라는 운명 상담실을 냈다. 지인에게 먼저 그 소식을 듣고 스토리텔링에 착수했다. 내가 알고 있던 그에 대한 정보를 바탕으로 그간의 행보를 추적한 다음 그의 상담실로 갔다.

상담실은 첫눈에도 남달랐다. '통'이라는 상호와 함께 그가 제시하는 새로운 의미를 바로 눈치 챘다. 그것은 국회의원을 지내고 소설을 쓰는 남다른 경력을 지닌 사람이 해독하는 운명코드는 남다를 것이라는 기대감을 안겨주기에 충분했다. 내가 목격한 상담실의 분위기는 그 어떤 자료보다 메시지가 분명했다. 덕분에 그의 이야기는 처음부터 끝까지 동시대인들의 관심을 자극하는 차별성을 확보할 수 있었다.

마이닝mining

소싱 과정을 거쳐 확보한 자료들은 아직 아무 생명력도 지니지 못한다. 말 그대로 자료일 뿐이다. 그것들에서 반복하여 되풀이되는 패턴을 찾아내고 숨겨진 상관관계를 발견하여 특정한 의미를 읽어낼 때 비로소 자료들은 가치를 지닌다. 자신의 이야기를 써보겠다는 사람들이 오래가지 못하는 이유는 아직 날것인 자료들만 가지고 이야기를 엮으려 하기 때문이다. 자료들 가운데 특정한 의미를 가진 것들이 씨줄과 날줄로 정교하게 직조되지 않으면 이야기는 탄생하지 않는다.

자료를 마이닝하는 과정은 주관적이면서도 객관적인 관점으로 자료들을 냉정하게 검토하는 작업이다. 자신의 이야기를 지을 때는 더욱 더 냉정하게 자신을 객관적으로 검토해야 한다. 그래야 의미의 상관성을 확보할 수 있다.

제주도 남쪽 바닷가 가까운 곳에 '건강과 성 박물관'을 설립한 김완배 회장을 스토리텔링할 때는 자료를 수집하고 인터뷰와 취재를 마치고도 그 자료들을 관통하는 뼈대를 찾기가 어려웠다. 전혀 동떨어진 것처럼 여겨지는 김완배 회장의 삶과 그간의 비즈니스와 건강과 성 박물관의 상관관계를 제대로 읽어내지 못하면 박물관 홍보기사나 황색 매체에나 나오는 이야기로 전락할 판이었다.

결국 내가 해독한 것은 '건강 콘텐츠'라는 키워드였다. 김완배 회장의 전·현직 커리어와 현 사업 사이를 오가며 검증한 결과, 키워드는 확실했다. 마침내 "기품 있는 인간으로서 좀 더 건강하고 행복하게 살기 위해서는 사랑·섹스·임신·성병 등 성건강에 대한 올바른 지식과 정확한 정보를 알아야 하며, 다른 사람과 어떤 관계를 맺어야 하는지에 대해서도 배워야 한다는 것이 김완배 회장의 지론"임을 내세워 이야기를 풀어갔다. 이러한 지론을 구체적으로 구현한 것이 박물관이며, 앞으로 박물관에서는 성을 주제로 성건강·성문화·성교육에 대한 정확하고도 다양한 정보를 제공하고 체험을 통해 함께 나누게 하겠다는 것이 그가 제시하는 박물관의 비전이라고 스토리텔링했다.

도자기업체인 광주요 조태권 회장을 스토리텔링할 무렵은 한여름이었다. 조 회장을 인터뷰하러 청담동 매장으로 가던 날은 그해 여름 날씨 중 가장 더운 날이었다. 그렇잖아도 조 회장을 어떻게 스토리텔링할지 가늠할 수 없어 곤혹스러워하던 나는 더위를 더 탔다. 곤혹스러움의 정체는 조 회장이 수도 없이 언론에 회자되어 새삼스럽지가 않다는 것이었다. 게다가 인터뷰를 하며 그에게 직접 들은 말들도 다른 매체를 통해 익히 들어온 것들이었다. 바람 한 점 없이 무더운 날씨처럼 막막했다. 언론에 수없이 노출된 인물의 이야기 쓰기는 가장 어렵다. 반면 스토리텔러의 역량이 고스란히 비교 평가되는 승부 근성이 발휘된다.

나는 마음을 다잡았다. 자료를 들여다보는 작업부터 다시 시작했다. 마침내 두 글자가 눈에 들어왔다. '진화.' 그의 커리어를 찬찬히 살펴보니 전혀 다른 분야에서 전혀 다른 스피드로 성장한 것이 아니라 진화해왔음이 보였다. 그 순간 첫 문장이 떠올랐다.

'나의 삶은 천천히 진화해왔다.' 이 문장은 진화론자인 찰스 다윈의 자서전 제목이다. 나는 이 문장을 인용한 다음 "만일 광주요의 조태권 회장이 자서전을 쓴다면 '나의 삶은 광속으로 진화해왔다'일지 모른다. '진화'는 '광속'이라는 단어와 어울려 쓸 수 없다는 것을 알지만, 조 회장의 일과 삶을 들여다보면 그렇지도 않다."라고 이야기의 도입부를 썼다. 자료를 통해 보이는 그의 모습은 광속진화자 그 자체였다. 그는 선친의 타계로 가업을 이어받기 전까지 각국의 권력자나 세계적 부호들과 어울려 초호화판 음식과 술로 파티를 즐기며 무기를 파는 상인이었다. 그후 광주요라는 사업체를 운영하며 진화를 거듭했고, 이제 마지막이 될지도 모를 진화에 발을 내딛고 있다. 그것은 한식을 세계적인 음식으로 만드는 것이었다. 한편의 영화 같은 이야기였다. 원고를 보내놓고 긴 한숨을 내쉬었다. 힘든 작업이었지만 결과는 모두에게 흡족하게 나타났다.

▶ **포인트 _ 당신의 이야깃거리 가운데 당신을 특별하게 만든 경험이나 커리어가 있다면 무엇인가? 그것을 25자 이내의 문장으로 요약하라.**

콘셉팅concepting

자료를 마이닝하는 단계에서 파악한 이야기의 진면목은 콘셉팅이라는 과정을 통해 벼려진다. 콘셉팅은 이야기의 가치가 결정되는 매우 중요한 작업이다. 콘셉팅에서는 이 사람은 무엇을 하는 사람인가를 정의하는 작업이 우선이다. 이 작업을 마케팅에서는 '포지셔닝한다'고 말한다.

'세상이 바뀐 줄도 모르고 옛날 일을 하는 사람'이라는 정의와 '세상이 바뀌어도 자신이 하는 일의 중요성을 알기에 갖은 구박을 받아가며 일을 고수하는 사람'이라는 정의는 같은 사람을 놓고 전혀 다르게 포지셔닝한 것으로 그 가치가 하늘과 땅 차이다. 포지셔닝을 한 다음 자료들 속에서 포지셔닝을 뒷받침할 만한 정보를 토대로 그 사람의 차별적 가치를 끄집어낸다. 이것이 주인공이 갖는 이야기 바이러스의 실체다.

30대 후반의 기업가 김윤환 씨는 '모임 전문공간' 토즈를 서비스하는 피투피시스템즈의 대표이사다. 토즈의 회원으로 그곳을 드나들다 콘셉트에 반하여 김 대표를 스토리텔링하기로 했다. 토즈라는 브랜드나 김윤환 대표나 스토리텔링하기에 얼핏 쉬워 보이지만, 스토리텔링을 통해 어떤 가치를 제안할 것인가가 명쾌하게 설계되지 않으면 그저, '아이디어로 승부한 사람' 정도의 진부한 결론으로 끝날 위험이 컸다. 관건은 김 대표를 어떤 사람으로 포지셔닝하는가였다. 이야깃거리는 다른 어느 인물에 비해 차고 넘쳤지만 포지셔닝은 난감했다. 고민은 그를 인터뷰하던 중에 저절로 해결되었다. 김 대표는 토즈에 대해 이렇게 정의했다. "토즈는 공간을 서비스하지만 고객은 자신의 꿈과 비전을 달성하는 데 필요한 도움을 받는다." 그의 설명을 듣자 머릿속에서 환한 불이 켜졌다. 무엇을 팔거나 서비스하거나 간에 고객이 그것을 어떻게 받아들이는가가 비즈니스의 승패를 좌우하는 법. 그와 나눈 대화에서 '성공하려면 다른 사람의 성공을 도와야 한다' 는 말이 내내 머릿속에 맴돌았다. 동시에 그 즈음 회자되던 '촉매 비즈니스'에 대한 생각도 스쳐갔다. 촉매 비즈니스란 서로 필요로 하면서도 직접 만나 일을 도모하기에는 어려운 둘 이상의 집단이나 사람을 연결시켜주는 사업을 말한다. 결혼중매업과 비슷한 개념이다. 김윤환 대표는 바로 카탈리스트(촉매)였다. 순간, 김윤환 대표의 토즈 비즈니스는 구글이나 이베이와 같은 글로벌기업과 궤를 같이하는 탁월한 사업콘셉트를 지닌 것으로 파악되었다. 결국 김윤환 대표를 리처드 슈말렌지 MIT 경영대학원 교수의 말을 빌려 "수천년 동안 이어져내려온 '비밀암호'를 성공적으로 해독한, 21세기의 '연금술사'로 포지셔닝하면서 프로젝트에 가속이 붙었다.

당근영어라는 브랜드를 앞세운 캐럿코리아의 노상충 대표. 노 대표의 스토리텔링 프로젝트 또한 그를 어떻게 포지셔닝하는가가 관건이었다. 자칫하다간 '영어공부 솔루션을 제공하는 브랜드네임이 독특한 회사의 대표'라는 정도의 평범한 포지셔닝으로 전락할 뻔했다.

노 대표는 내가 미리 보낸 인터뷰 질문지에 충실하게 답하며 자신에 대한 정보를 쏟아냈다. 그가 하는 이야기를 통해 당근영어가 시중의 다른 어학원과 어떻게 차별화되는가를, 차별화될 수밖에 없는 이유를 포착했다. '글로벌 역량 컨설팅'은 당근영어의 슬로건이었는데, 이는 내가 만든 그의 이야기의 키워드이기도 했다.

나는 그를 GE의 전 CEO 잭 웰치와 맞먹는 존재로 포지셔닝했다. 잭 전 회장이 GE를 부흥시키기 위해 크로톤빌이라는 연수원을 만들어 전 세계 GE맨들을 불러들여 수도 없이 강의했듯이, 노 대표도 당근영어를 대한민국 크로톤빌로 만들어 우리나라를 부흥시킬 것이라고 스토리텔링했다.

이야기의 핵, 즉 콘셉트 확보를 위해 이야깃거리를 분석하는 과정에서 주인공을 어떤 존재로 포지셔닝하는가는 그가 살아온 삶이 제시하는 수많은 은유를 어떻게 해석할 것인가에 따라 좌우된다.

빌 클린턴 전 미국 대통령의 스토리텔링의 경우를 보자. 그는 유복자로 태어나 숱한 위기와 고비를 넘겨온 자신의 성장기를 다음과 같이 해석함으로써 '남다른' 의미부여에 성공했다.

> (유복자임을 밝히며) 나는 아버지에 대한 기억 때문에 보통 아이들보다 어린 나이에 나 자신의 죽음에 대해 생각할 수 있었다. 나 역시 젊어서 죽을 수도 있다. 그런 생각을 하다보면 삶의 매순간을 최대한 활용하고, 다음의 더 큰 도전을 향해 앞으로 나아가야 한다는 결심이 단단해지곤 했다. 그래서인지 나는 설사 어디로 가야 할지 잘 모르는 경우에도, 늘 어딘가를 향해 서둘러 가고 있었다.

빌은 유복자지만 태생적 한계에 굴하지 않고 도전의 발판으로 삼았다고 이야기한다. 또 간호사로 생계를 유지해야 하는 엄마와 떨어져 외가에서 보낸 어린 시절에 대해서는 이렇게 말했다.

> 친척들이 들려주는 이야기에서 많은 것을 배웠다. 어쩌면 내가 배운 가장 중요한 것은, 모든 사람에게 하나의 이야기가 있다는 것이었는지도 모른다. 꿈과 악몽의 이야기, 희망과 상심의 이야기, 사랑과 상실의 이야기, 용기와 공포의 이야기, 희생과 이기심의 이야기. 나는 평생 다른 사람들의 이야기에

관심을 가졌다. 나는 다른 사람들을 알고 싶었고, 이해하고 싶었고, 느끼고 싶었다. 성장하여 정치에 뛰어들었을 때, 나는 늘 내가 하는 일의 주된 목표는 사람들에게 더 나은 이야기를 가질 기회를 주는 것이라고 생각했다.

살펴보라. 당신의 그 수많은 이야깃거리들은 무슨 메시지를 전하고 싶어 그토록 다양한 방법으로 지속적으로 당신에게 일어났던 것인가를.

▶ 포인트 _ 당신이 주로 해온 일은 본질적으로 무슨 일인가?(직업을 의미하는 것이 아니라 그 일이 무엇을 지향하는가를 묻는 것이다.)

메시징 : 스토리메이킹

이야기를 위한 모든 준비를 마쳤다. 이제 당신만의 대서사시를 만들어낼 차례다. 이야기를 지을 때 가장 중요한 것은 바이러스가 이야기 속에 존재해야 한다는 것이다.

잡지 전문가 티나 브라운은 자신이 만드는 잡지의 기사 조건은 그 기사를 읽은 사람이 그날 파티에 가서 적어도 세 가지는 이야기할 거리를 담고 있어야 한다고 했다. 수다의 화제가 될 만한 이야기 바이러스를 생성시켜 이야기 속에 침투시켜야 한다는 것이 스토리텔링의 가장 중요한 전제조건이다. 즉, 이야기 바이러스는 재미있거나 놀라운 것이어야 한다.

김윤환 대표는 잘나가던 회계사였고 노상충 대표는 삼성전자의 유능한 직원이었고 박병태 선생은 석사학위를 가졌지만 공식적으로 초등학교 졸업 학력이며 조태권 회장은 무기판매상이었다는 전력이 이야기를 듣는 사람들에게 놀라움을 안긴다. 이야기를 들은 이는 뜻밖의 사연에 놀랐으니 기억하게 되고 기억했으니 남에게 얘기함으로써 퍼뜨리게 된다.

이야기를 만드는 방법은 정해진 한 가지가 아니라 빵을 굽는 방법처럼 다양하다. 마찬가지로 이야기가 갖춰야 할 기본적인 요소나 이야기를 지을 때 주의해야 할 사항들도 적지 않다. 그 내용은 뒤에서 보다 자세하게 다루기로 한다.

▶ 포인트 _ 당신의 이야깃거리 가운데 다른 사람들이 듣고 놀라는 것은 무엇인가?

스토리텔링 : 이야기 퍼뜨리기

당신의 이야기가 좀 더 빨리 전파되어 더 많은 사람들의 입에 오르내리게 하고 싶다면 전략적으로 스토리텔링을 계획해야 한다.

가장 쉽고 편하며 돈 들이지 않으면서 이야기를 퍼뜨리는 방법은 블로그에 이야기 올리기, 당신의 이야기를 소재로 하여 각종 미디어에 칼럼쓰기, 당신의 이야기에서 독자들이 좋아할 만한 의미를 골라 책으로 출간하기, 강연이나 강의에 이야기를 화제로 삼기 등의 방법이 있다.

조서환 KT 전무는 책 『모티베이터』를 통해 자신의 이야기를 공개했다. 오른팔이 불편한 장애를 안고서도 세상이 인정하는 성공의 길을 개척해온 그의 이야기에 많은 독자들이 감동을 받았다. 그 결과

너도나도 나서서 조서환 전무의 이야기를 퍼뜨렸고 그 자신도 각종 강연이며 모임에서 책에서 못 다한 라이프스토리를 이야기함으로써 인터넷은 연일 그의 이야기로 뜨거웠다.

브랜드경영 전문가인 이장우 이메이션 글로벌브랜드 총괄대표. 그는 2009년 벽두에 '브랜드마케팅쇼'라는 행사를 열어 자신의 라이프스토리를 공개했다. 그는 글로벌기업의 CEO라는 빛나는 경력 밑에는 경상도 포항의 어느 시골에서 나고 자란 가난했던 어린 시절이 있었고, 대학에 다닐 때까지 어려운 가정환경 때문에 고생했었다고 밝혔다. 그의 이야기는 현재의 입지와 생생한 대비를 이루며 그 자리에 참가한 이들을 놀라게 했고, 그의 이야기를 현장에서 들은 이들은 강연이 끝나는 순간부터 놀라운 휴먼스토리를 퍼뜨리기 시작했다.

나는 인터넷 카페에 내 이야기를 쓴다. 내 카페를 찾는 회원들은 알게 모르게 내가 하는 이야기를 귀 기울여 듣고 자신의 블로그에 퍼 다나르기도 한다. 검색을 하다보면 내가 쓴 내 이야기가 다른 이의 블로그에서 여러 사람들에게 화제의 중심이 되어 있는 것을 자주 발견한다.

그리 대단한 이야기는 아니다. 하지만 나의 실수, 나의 무지, 나의 잘못 등을 당당히 앞세워 이야기를 써올리면 그것을 읽은 사람들이 대부분 착한 성정의 사람들인지 내 잘못이나 실수를 흉보기보다 친근하게 받아들여준다. 나아가 그 용기를 높이 사며 자신의 블로그에 소개한다. 이야기가 퍼지게 하는 방법은 많고도 다양하다. 뒤에서 구체적으로 알아본다.

당신 삶의 은유를 해석하라

: 주제와 콘셉트

정글에서 치타는 가장 빨랐다. 빠르기
로 치면 사사비영양도 못지않았다. 정
글의 식구들은 못내 궁금했다. 누가 더

빠를까? 마침내 둘은 승부를 내기로 했다. 사실, 그들도
궁금했다. 누가 빠르지? 달리기가 시작됐다. 치타가 빨랐다.
사사비영양도 빨랐다. 그러다 사사비영양이 넘어졌다. 치타
는 이때다 싶어 더 빨리 달렸다. 아니, 그랬어야 했는데 치타
는 멈칫했다. 자빠진 사사비영양에게 돌아가 그를 일으켜세
웠다. 다시 둘은 달렸다. 이들을 내려다본 조물주는 치타를
이기게 만들었다. 그리고 멋진 무늬를 선사했다. 치타의 점박
이 무늬는 그렇게 탄생했다.

이 이야기는 누군가가 지어낸 전설(?)을 내가 각색하여 초등학생

조카에게 들려준 것이다. 조카에게 물었다. "수현아, 이야기 듣고 무슨 생각했어?" 조카는 망설이지 않고 이야기한다. "아무리 이기고 싶어도 다른 사람이 어려울 땐 도와주어야 해요."

그렇다. 이 이야기는 페어플레이 정신에 관한 것이다. 경쟁은 정당하게 하라는 메시지를 들려주고 싶었다. 혼자서 멀리 가는 외로운 삶보다 다른 사람들과 어울려 즐겁게 가는 삶이 낫다는 것을 초등학교 3학년에게 어떻게 이해시켜야 할까 고민하다가 치타의 점박이 무늬가 생긴 유래에 빗대어 은유했다. 은유가 아니면 그 어린 꼬마가 어떻게 알아듣겠는가.

거듭 얘기하지만, 나는 우리의 삶은 곳곳에 신이 우리에게 전하고 싶은 메시지를 품고 있으며 그 메시지는 특정한 사건을 통해 우리에게 알려진다고 믿는다. 이 때문에 특정한 사건이 은유하는 바를 해독한다면 신의 메시지를 이해하게 되는 것이다. 이야기하기가 다른 어떤 방법보다 메시지 전달에 탁월한 것은 이야기하기가 갖는 은유의 속성 때문이다.

은유를 이용하면 이야기를 듣는 사람은 이야기 속에 나타나는 상황이나 인물의 정서를 자신과 동일시하거나 닮고 싶다는 생각을 하게 된다. 이는 이야기가 갖는 재미의 요소 덕분인데, 재미는 듣는 이가 무의식적으로 마음의 빗장을 풀고 저항의 벽을 낮추게 만든다. 일단 마음이 열리면 어떤 정보도 거리낌 없이 흡수되는 상태가 된다.

상담심리전문가 에릭슨은 이런 이유로 스토리텔링을 상담이 필요한 이들에게 줄 수 있는 최고의 선물이라고 확신했다. 에릭슨은 인간의 무의식이 최대한 적절한 방법으로 자신에게 유용한 지식을 활용한다고 생각했다. 그런 인식하에 그는 상담기법으로 스토리텔링을 사용했다. 그는 또 어린 자녀들을 재우면서 '화이트 터미'라는 이름을 가진 개구리 이야기를 들려주곤 했는데, 은유로써 개구리 이야기를 활용하여 아이들을 최면상태로 유도했고 그 위에 자녀들이 배웠으면 하는 삶의 교훈과 가치를 전달했다.

나는 신도 에릭슨처럼 우리가 보다 열린 마음으로 신의 메시지를 받아들이도록 하기 위해 우리 삶 곳곳에 은유를 장치했다고 믿는다. 그 은유 장치들은 삶의 곳곳에서 수많은 사건들과 영향을 주고받으며 한 개인의 삶을 진화시킨다.

영화 〈스트레인저 댄 픽션〉은 나와 같은 생각을 하는 사람들이 만든 영화다. 주인공은 단조롭고 평범하지만 정확하게 되풀이되는 일상을 살고 있는 국세청 직원이다. 어느 날부턴가 자신의 행동을 일일이 설명하는 여자의 목소리를 듣게 되는데, 마침내 여자는 자신이 곧 죽을 것이라고 말한다. 아직 죽을 준비가 안 된 주인공은 우여곡절 끝에 목소리의 주인을 찾아내고 그녀가 주인공이 죽는 소설만 쓰는 소설가 카렌임을 알게 된다. 카렌이 지금 쓰고 있는 소설의 주인공의 이름이 바로 헤롤드 크릭 자신이었다는 것을 알고 경악한 그는 죽지 않으려고 발버둥친다.

이 영화가 매력적인 것은 영화 곳곳에 설치된 은유의 장치다. 영화의 내용은 사소하기 그지없는 일상이지만 그 일상이 상상을 초월하는 거대한 힘을 만들어낸다고 말한다. 시계나 담배나 쿠기나 밀가루처럼 사소한 것들은 하버드 법대생을 제빵 전문가로 만들고 작가에게 빼어난 아이디어를 던져주며, 한 인물을 죽음에서 구해내기도 한다.

나는 이 영화를 서너 번 보았는데 볼 때마다 일상은 은유의 터전이므로 어떤 사소한 것도 우습게 여겨서는 안 된다는 것을 깨닫는다.

당신의 삶 속엔 어떤 은유가 숨겨져 있을까? 당신 삶의 크고 작은 사건들은 당신에게 무엇을 말하기 위한 은유인가? 당신이 내면탐험에서 찾아낸 소스들을 하나씩 들추며 애정어린 시선으로 들여다본다면 모래에 섞인 사금가루처럼 반짝이는 메시지를 찾을 수 있을 것이다. 바로 당신의 삶이 거듭 상징한 그 은유가 당신 삶의 주제이자 소명이며 이야기의 주제가 될 것이다. 물론 은유를 해석하는 것은 다분히 자의적이다. 신에게 확인할 수 없으니 말이다.

당신 삶 속의 은유를 찾아라

산악인 김홍빈 씨는 산밖에 모르는 산사나이다. 전남 강진에서 열었던 책쓰기 캠프를 통해 알게 된 그는 산에 열 손가락을 바친 장애우다. 세계의 꼭대기를 오르는 전문 산악인에게 손가락 열 개는 절대적인 장비다. 다른 사람 같으면 목숨이라도 건진 것에 감사하며 산이 보이지 않는 곳에 숨어 살겠지만 김홍빈 씨는 달랐다. 산밖에 모르니 산에 올라야 했다. 첨단장비가 있어도 그림의 떡이었다. 그는 양손으로 장비를 잡을 수 없는 탓에 가능한 한 장비 없이 두 발에 의지하여 산을 오르는 훈련을 했고 장애인으로서 세계 7대륙 정상을 오르는 계획을 세웠다.

강진에서 만났을 때 그는 일곱 번째 대륙인 남극 최고봉 빈슨 매시프봉 등정을 준비하고 있었다. 나는 그에게 내 나름의 응원을 보내고 싶어 스토리텔링을 시도했다. 자료를 모으고 취재를 하고 그와 동반하여 산에도 올랐다. 그리고 그를 후원하는 이들을 만나 그에 대한 매력을 전해들었다. 자료가 쌓일수록 나는 더욱 궁금해졌다. 대체 신은 이 사람을 통해 어떤 메시지를 전하고 싶었던 것일까? 답은 월악산을 등반하는 길에 찾았다. 5,000~6,000 미터 높은 산을 오르겠다는 사람이 정작 등산화 끈을 혼자 매지 못해 동반한 후배가 묶어주어야 했다. 그 모습을 보는 순간 나는 수첩을 뒤져 그의 열 손가락을 앗아간 사고에 대한 기록을 찾았다.

사고가 나던 1991년, 젊은 혈기의 김홍빈 씨는 등반 비용을 아끼기 위해 단독 등반을 시도했다. 혼자인 만큼 짐을 최대한 줄여야 했고 밥이며 반찬이며 챙길 게 많은 한식 대신 간단한 스낵 위주로 식사를 준비했다. 이것이 화근이었다. 제대로 먹지 못해 체력이 달린 그는 조난을 당하고 말았다. 겨우 목숨은 건졌지만 손가락 열 개와 맞바꾼 후였다.

삶에의 의지를 불러일으키고 재활훈련을 거쳐 일상생활로 돌아왔지만 장애를 안고 그가 할 수 있는 일이라곤 거의 없었다. 낙담한 그는 다시 산으로 돌아갔다. 세계의 지붕을 오르는 일은 신의 면전을 오르는 일이라 여간 조심하지 않으면 안 되는 것이라 했거늘 혼자 올라보겠다고 시도하다니.

나는 김홍빈 씨의 이야기에서 '함께'라는 키워드를 읽었다. 아울러 그 어떤 어려움이나 고통은 살아 있기 때문에 겪을 수 있는 정서이므로 그것을 피할 게 아니라 오히려 즐겨야 한다는 메시지도 읽었다.

스토리텔러로서 나는 사막에서 오아시스를 찾아내는 대상의 우두머리처럼, 누군가의 삶에서 저마다의 색으로 빛나는 은유를 집어내려 애쓴다. 그 은유가 무엇을 말하는지, 지금 시대의 사람들에게 어떤 의미로 다가갈 수 있는지를 포착하여 이야기로 만든다. 당신도 삶의 모래더미에서 금가루처럼 반짝이는 은유를 찾아보라.

당신의 이야기를 더욱
흥미진진하게 만들려면

역사책에서 배운 석기, 청동기, 철기시대란 당시를 지배한 주요 이기의 재료에 따라 인류문화를 나눈 것이라고 앞에서 언급했다. 만일 당신이 지금껏 살아온 삶을 나눈다면 어떤 기준에 따라 어떻게 구분할까?

당신의 이야기를 단락별로 나누고 각 단락마다 가장 적합한 제목을 붙여주자. 그러면 당신이 쓴 당신의 이야기지만 그에 대한 이해가 훨씬 깊어질 것이다. 또 당신의 이야기를 접하는 독자나 청자도 당신의 이야기를 더 잘 이해하고 좋아하게 될 것이다.

몇 단락으로 나누든 상관없다. 몇 막이든 몇 장이든 그보다 더 중요한 것은 당신 삶을 어느 방향에서 조명하는가다. 당신 삶의 어느 부분에 무게중심을 두고 싶은가를 맨 먼저 파악해야 한다. 그에 따라 단락의 개수와 단락의 이름이 달라지기 때문이다.

셰익스피어가 말한 대로 당신의 삶과 이야기를 하나의 연극이라 생각하고 바라보자. 당신 삶을 드나든 사람이나 사건, 그리고 패러다임들을 중심으로 다시 들여다보자. 그러면 이야기가 저 스스로 단락 지어지는 신비도 경험하게 될 것이다.

무대에서 배우로 살아온 인생을 『인생은 연극이고 인간은 배우라는 오래된 대사에 관하여』라는 제목의 책으로 펴낸 최불암 씨는 그 삶을 5단락으로 나누어 이야기한다.

- 배우라는 일에 대한 이야기-1장. 분장을 하다
- 〈수사반장〉 등 유명한 TV드라마에 관한 이야기-2장. 지금은 방송 중
- 배우라는 한 인간으로 사는 일에 관한 이야기-3장. 무대 뒤에서
- 배우로 살아온 시간들에 대한 이야기-4장. 나를 키운 시간들
- 자신이 속한 대중문화에 관한 이야기-5장. NG! 다시 갑시다!

경영학의 구루라 칭송받는 피터 드러커는 자신의 이야기를 3장으로 구분하고 가장 핵심적인 인물들의 이름을 붙여 이야기를 더욱 세분화했다. 드러커에 따르면 "책에 등장하는 사람들은 그들이 위대하거나 유명해서도 아니고, 그들의 이야기가 어떤 의미를 갖기 때문도 아니다. 다만 그들이 내게 중요한 인물이었기 때문에 선택됐으며 그들이 내게 중요했던 것은 자신들이 속한 사회를 내게 반사하거나

굴절시켜 보여주었던 방식 때문이었다"고 썼다.[22]

삶을 나누고 배열하고 이름붙이고

당신의 인생도 이렇게 나눠보자. 당신의 인생을 연극에 올린다고 가정하고 막을 구분해보자. 알다시피 연극, 영화, 드라마 모두 3막 구조로 구성되어 있다. 그것은 발단, 전개, 절정을 거쳐 결말에 이르는 구조로 2천여 년 전부터 전해내려온 검증받은 이야기 구조므로 그저 따라 해도 좋을 것이다. 하지만 반드시 3막 구조이거나 연속적일 필요도 없다. 이 세상에 단 하나뿐인 당신의 이야기이므로 당신의 의도에 맞게 나누어 구분하면 된다.

대개는 전환점을 이룬 특정한 사건이나 시기, 그 무렵을 대표하는 인물 등이 구분의 기준이 된다. 이렇게 인생을 구분하다보면 자신도 몰랐던 삶에 대한 나의 생각을 읽게 된다. 인생의 장을 나누는 작업은 여기에 의의가 있다. 장을 나눈 다음엔 각 장마다 이름을 붙여보자. 이름 붙이기는 당신이 파악한 의미들을 언어로써 명확하게 정의해주는 기능이며 당신의 의식에 그 의미들을 새기는 효과가 있다. 이름 붙이기는 그 장과 관련된 단어나 문장으로 표현하되 이야기를 통해 당신이 알리고 싶은 정체성이나 당신이 추구하는 지향성 등이 포함되어야 한다.

김대중 전 대통령의 부인인 이희호 여사는 80년 넘게 살아온 인생 이야기를 6장으로 구분했는데 연대기별로 구분하고 이름을 붙였다.

이희호 여사는 '길고도 먼 길을 걸어오면서 몇몇 굽이마다 나에게 강렬하게 남아 있는 생활의 기억'들을 중심으로 삶의 장을 구분했다. 각 장에 붙인 제목만 보아도 '개인의 기록이지만 파란곡절로 아로새겨진 우리 현대사의 뒤안길'을 읽을 수 있으리란 기대를 갖게 한다.[23]

국회의원 홍정욱 씨는 미국에서 공부한 중학교 3학년 시절부터 대학졸업 때까지의 삶에 대해 『7막7장』이라는 제목으로 책을 썼다. 책에서 홍 의원은 7막7장은 자신의 전 생애를 이르며, 대학졸업 이후의 삶은 3막의 시작이라고 언급했다. 그러니까 책에 실린 내용은 7막7장 가운데 2막까지의 이야기들이다.

내 이야기,
어디서 어떻게 시작하나

세상의 모든 내용물은 이야기다. 길든
짧든 연속이든 단발이든 한 편 한 편의 이야
기로 구성돼 있다. 이러한 전제는 당신의 이

야기를 어디에서부터 시작해야 할지 난감할 때 떠올려주기 바란다.
한 권의 책이든, 한 편의 글이든 이야기를 시작하기 어려운 것은 쓸
것이 너무 많거나 무엇을 써야 할지 감이 잡히지 않거나 둘 다이기 때
문이다. "내 살아온 이야기를 책으로 쓰면 열댓 권도 넘을 것이다"고
큰소리치면서도 막상 단 한 줄을 쓰기도 힘든 것은 그 많은 거리들을
감당하기 어려워서다.

잘 쓴 이야기를 모방하라
당신의 이야기를 시작하기 전에 먼저 가장 믿음직스럽고 나도 이
렇게 쓰고 싶다는 생각이 들게 한 책을 한 권 고른다. 바로 이 책이 당

신의 지침서이자 샘플북이 되는 것이다. 이 책을(혹은 이야기를) 꼼꼼하게 살펴보자.

전반적으로 어떤 내용이며 어떻게 시작하고 어떻게 끝났으며 각 장마다 주제가 어떠한지를 살피자. 글의 시점은 주관적인 1인칭인지, 혹은 3인칭의 객관적 시점에서 썼는지도 살피고 경어체로 썼는지 평서체로 썼는지도 살피자.

그런 다음 샘플북의 목차를 당신의 파일에 옮겨 적어가며 저자가 이야기를 하기 위해 어떤 순서로 이야깃거리를 꿰었는지 살핀다. 눈으로 보는 것보다 이렇게 베껴 써보면 훨씬 내용 파악이 잘 된다.

누군가의 삶에 대한 이야기는 저마다 글쓴이의 취향이 반영되어 십인십색으로 보이지만, 내용을 일일이 해체해보면 대개는 몇 개의 구성 단위로 이뤄져 있음을 알 수 있다. 태어나서 현재까지 한 개인의 삶이 굵직한 사건이나 연대기 혹은 중요한 사건을 중심으로 서술되어 있기 때문이다.

오프라 윈프리의 전기를 쓴 에바 일루즈는 우리가 자신의 삶을 이해하여 다른 사람에게 전달하는 방법은 어떤 이야기의 형식을 선택하느냐에 따라 달라진다고 말했다. 즉, 희극인가 비극인가 혹은 로맨스인가 풍자인가를 먼저 정함으로써 당신이 쓰고자 하는 이야기의 방향이 정해진다는 뜻이다. 이 '형식'은 당신 이야기의 특성을 구성하는 중요한 축이다. 달리 표현하면 삶을 대하는 당신의 관점이라 할 수 있다. 의도적이든 아니든 당신이 삶을 어떻게 이해해왔는가가 이 축에 고스란히 반영된다는 것이다. 이러한 특성이나 관점은 당신의 이야기가 다른 사람의 이야기들과 구별되는 요소로 작용한다.

좀 더 전문적으로 표현하면, 이러한 기준을 '콘셉트'라 한다. 콘셉트란 당신의 이야기를 다른 것과 차별되게 만들어주는 결정적인 것으로 '이야기를 담는 그릇'이라 할 수 있다.

당신은 인생에 대해 어떻게 생각하는가. 삶에 대한 관점을 확실히 정한 다음 그 관점을 기억하면서 이야기의 내용 쓰기로 들어가자. 설령 그것이 당신의 선택적 기억에 의해 미화된 것인들 어떻겠는가. 아무튼 이야기 쓰기란 지금보다 더 나은 삶을 살기 위한 노력의 하나다. 그러므로 중요한 것은 당신의 삶을 자신의 육성으로 스스로에게 들려주려는 노력이다.

이야기를 완성하는 첫 한 줄

시작이 반이라지만 이야기만큼은 첫 한 줄이 거의 전부다. 첫 한 줄을 쓰면 다음 한 줄을 또 그 다음 한 줄을 쓰게 되고 그렇게 한 줄씩 써내려가다보면 마침내 대망의 마침표를 찍게 된다. 결국 첫 한 줄에 당신이 생각하는 인생에 대한 관점이 담긴다. 교향악으로 치면 악장마다 표시된 주제의 형식과 빠르기가 첫줄이다.

한마디로 말하자면 삶이란

다른 사람이 쓴 이야기의 첫줄은 어떻게 시작하는지 보자. 『러브 스토리』는 "어디서부터 내 얘기를 시작해야 하나"라고 담담하게 시작한다. 당신도 '지금 와서 생각하니 삶이란 이런 것'이라는 총평으로 이야기를 시작할 수 있을 것이다.

평생 죽음을 연구해온 전문가 엘리자베스 퀴블러 로스는 온몸이 마비되며 죽음에 가까이 다가가는 경험을 이야기 『생의 수레바퀴』에서 하나하나 녹여낸다. 그녀의 이야기는 이렇게 시작한다.

> 사람들은 나를 죽음의 여의사라 부른다. 30년 이상 죽음에 대한 연구를 해왔기 때문에 나를 죽음의 전문가로 여기는 것이다. 그러나 그들은 정말로 중요한 것을 놓치고 있는 것 같다. 내 연구의 가장 본질적이며 중요한 핵심은 삶의 의미를 밝히는 일에 있었다.

이 첫 부분으로 짐작컨대 엘리자베스 퀴블러 로스는 평생 자신이 관심을 가져온 것에 대한 세간의 인식이 무척 애석했던 모양이다. 그래서인지 이 이야기는 그녀가 일생을 걸고 연구해온 핵심에 대해 생을 마감하는 시점에서 파악한 의미란 이런 것이라고 설명하는 것으로 끝난다.

> 하느님이 우리에게 준 최고의 선물은 자유의지다. 우연은 없다. 삶에서 일어나는 모든 일에는 긍정적인 이유가 있다. 골짜기를 폭풍우로부터 지키려고 메워버린다면 자연이 새겨놓은 아름다움을 볼 수 없게 된다. ……삶의 유일한 목적은 성장하는 것이다. 우리의 궁극적인 과제는 무조건적으로 사랑하고 사랑받는 법을 배우는 것이다.

힐러리 클린턴은 자신의 이야기 『살아 있는 역사』를 이렇게 시작한다. "나는 퍼스트레이디나 상원의원으로 태어나지 않았다." 그녀는 다른 많은 여성들이 "상상조차 못하는 선택의 자유를 마음껏 누리는, 20세기 중엽에 한 미국인으로 태어났다"고 못박는다. 그녀에게는 20세기 중엽에 미국의 한 여성으로 태어난 자체가 인생을 좌우한 최고의 경험이라는 주장이다.

당신도 생애 최고의 경험을 한마디로 서술하는 문장으로 이야기를 시작할 수 있을 것이다. 리처드 용재오닐은 "나의 가장 오래된 기억들 중의 대부분은 노란 집에서 시작된다"는 말로 『공감』을 시작하고, 송승환은 『세계를 난타한 남자 문화CEO 송승환』에서 "뇌리에 깊이 각인되어 좀처럼 잊혀지지 않는 장면이 하나 있다"며 시작한다. 마크 트웨인은 자신의 탄생이 마을에 1퍼센트의 기여를 했다고 너스레를 떨며 시작한다. 인구가 100명인 마을에 자신이 태어남으로써 1퍼센트를 보탰다는 이야기인데, 마크 트웨인다운 위트가 빛나는 첫 문장이다. 헬렌 켈러는 "막상 살아온 이야기를 쓰겠다고 시작은 했으나 솔직히 두려움이 앞선다"며 이야기를 쓰는 것에 대한 두려움을 고백하는 것으로 시작한다.

노벨상을 수상한 작가 마르케스에게 일생일대의 경험은 어머니와 함께 살던 집을 팔러가던 젊은 날의 하루였던 모양이다. 그의 이야기는 "어머니가 집을 팔러가는 데 함께 가자고 했다"는 말로 시작한다. 결국 어머니와 함께 집을 팔기 위해 같이 했던 2박3일간의 여행이 그의 운명을 바꾸어놓았고, 그의 이야기는 그렇게 뒤바뀐 인생에 대한 서술이다.

그리스의 작가 니코스 카잔차키스는 이렇게 이야기의 문을 연다.

보이는 것, 냄새, 감촉, 맛, 듣는 것, 지성……. 나는 내 연장들을 거둔다. 밤이 됐고, 하루의 일은 끝났다. 나는 두더지처럼 내 집으로 땅으로 돌아간다. 지쳤거나 일을 할 수가 없기 때문은 아니다. 나는 피곤하지 않다. 하지만 날이 저물었다.[24]

첫 문장은 모든 이야기의 생명줄

(쓰겠다고 벼른 뒤) 그로부터 6년이 지난 뒤에 계간지에 연재를 시작하기로 해놓고도 무엇인지가 가로막아 세 번을 펑크 낸 뒤에야 시작할 수 있었다. (중략) 커다란 장벽을 밀어내며 '엄마를 잃어버린 지 일주일째다'라는 첫 문장이 어느 날 내게로 왔다. (중략) 순간 닫힌 문을 활짝 열어젖힌 듯 이야기들이 스스로 정렬되며 마구마구 솟아났다.[25]

신경숙 작가가 장편소설 『엄마를 부탁해』를 견인한 첫 문장의 힘에 대해 쓴 글이다. 그런가 하면 19세기 영국에서 살며 어린 시절의 체험과 풍부한 상상력을 바탕으로 동물들과 친구가 되는 그림을 그려 유명해진 베아트릭스 포터의 삶을 그린 영화 〈미스포터〉의 첫 대사는 이렇게 시작한다.

이야기의 첫 문장을 쓸 때 재미있는 점은 어디로 흘러갈지 전혀 모른다는 것이다. 나의 이야기가 내가 속한 이곳으로 날 인도한 것처럼.

나 역시 길고 짧은 글을 숱하게 써오면서 첫 문장이 인도하는 신비를 자주 경험한다.

매혹적인 첫 문장을 쓰려면

매혹적인 첫 문장은 두 번째 문장을 읽게 만들고 두 번째 문장은 그 다음 문장으로 눈길을 이끈다. 마침내 첫 문장은 마지막 문장을 읽게 한다. 그러므로 첫 문장에 들이는 공은 이야기 전편에 걸쳐 들이는 노력 못잖아야 한다. 첫 문장은 마지막 문장까지 읽게 하는 절대적인 주술이 걸려 있어야 하는데 그 이유는 첫 문장으로 독자를 끌어들이지 못하면 그 글은 읽히지 않는 글이며, 읽히지 않으면 의미가 없기 때문이다. 독자들은 인색하게도 대부분 첫 문장에만 관심이 있다.

마지막 문장까지 읽게 만드는 첫 줄은 어떻게 써야 할까? 가장 좋은 방법은 호기심을 불러일으키는 것이다. 궁금증을 유발하는 문장을 던져놓고 그것이 무슨 뜻인지 이어지는 문장을 읽어가며 의미를 찾아내게 만드는 방법이다. 다음 이야기를 보자. 어떻게 시작하는가. 궁금해서라도 다음 줄을, 또 그 다음 줄을 읽고 싶어지지 않는가?

> 1930년 3월 1일, 그날 오자르 마을의 오후는 참을 수 없이 더웠다. 신발을 신지 않은 다무는 최대한 빨리 뛰었지만 이글거리는 땅에 닿을 때마다 발바닥이 타들어가는 것 같았다.[26]

1930년 3월 1일, 그날이 무슨 날일까? 도대체 다무는 왜 저렇게 뛰어야만 할까? 무슨 일인지 모르지만 긴박한 상황이 전개되는 것 같아 빨리 다음 구절을 읽고 싶어진다. 비슷한 예가 또 있다.

그것은 바로 거기, 테이블 한가운데 놓여 있었지만 나는 감히
손을 내밀지 못했다.[27]

그것이란 무엇일까. 이 책의 저자는 "몸이 마음대로 움직여주질
않아 그것을 잡을 수 없었다"는 고백으로 이야기를 시작한다. 대체, 그
것이 뭘까? 궁금해진 독자는 서둘러 다음 문장을 읽을 수밖에 없다.

이야기를 끝까지 읽게 만드는
흥미로운 장치들

'사람'을 이야기하라

언론 현장에 처음 투입되었을 때, 내가 맨 처음 들은 꾸중은 "사람 이야기를 써라"라는 것이었다. 그 어떤 '사실'도 사실 자체로서가 아니라 '사실을 둘러싼 사람들의 이야기'로 관찰하고 취재하고 기사로 써야 한다는 지침이었다. 몇 번의 망신스러운 시행착오 끝에 그리고 콘텐츠는 사람의 이야기라는 소신을 눈물나게 가르쳐준 상사들 덕분에 나는 '사람 이야기'를 볼 줄 알고 쓸 줄 알게 됐다.

언론이란 미디어는 이야기를 좋아한다. 뉴스나 칼럼, 다큐멘터리 등 언론미디어의 핵심 콘텐츠는 대부분 사람에 대한 것이다. 드라마나 예능 프로그램은 말할 것도 없다. 이야기를 앞세운 기업들의 마케팅도 제품이나 서비스를 설명하고 소개하는 이야기를 만들어내다가 이제는 그것을 개발하거나 팔거나 사용하거나 경험하는 사람들의 이야기를 만들어 퍼뜨린다. 사람들은 사람의 이야기를 좋아한다는 것을 간파했기 때문이다. 전문가들도 이야기마케팅은 기업 내외부에 관계된 사람들의 이야기를 발굴하는 데서 시작된다고 조언한다.

『세계를 감동시킨 도서관 고양이 듀이』는 18년간 스펜서 공공도서관의 명물로 이름날렸던 고양이 듀이에 관한 이야기다. 그러나 이 이야기는 책 반납함에 버려진 생후 8주된 고양이를 발견하고 반려동물로 함께한 비키 마이런이라는 사람의 이야기다. 그녀는 알코올 중독자인 남편과 이혼하고 자궁적출수술로 어렵던 시절, 듀이를 만나 함께하면서 상처를 치유받았고, 마침내는 "인생은 결국 사랑에 관한 것이며 그 사랑이 어디서 찾아올지는 아무도 모른다"고 결론지었다.

당신의 이야기도 특정 기억이나 사건이나 이슈를 토대로 사실을 진술하기보다 그 사실이 당신에게 어떤 영향을 미쳤는지, 그 사실이 당신에게 어떤 의미로 남았는지를 써야 한다.

상징으로 이야기하라

당신의 이야기가 재미있어지는 두 번째 방법은 당신이 찾아낸 사건이나 기억들을 연대기적으로 진술하기보다 그 특정한 기억들과 맞물린 물리적인 대상을 찾아 그것을 상징화하는 것이다. 벤 칸슨의 『위험을 감수하라』에는 크고 작은 수술이 등장한다.

이 책은 샴쌍둥이 자매의 수술을 감행하던 그 위험천만한 날을 묘사하는 것으로 시작하여 시종일관 그가 집도한 위험한 수술, 그러나 감수해야 했던 수술에 관한 이야기가 펼쳐진다. 바로 이 위험천만한 수술들이 벤 칸슨에게는 호기심을 불러일으키는 대상이자 자신의 이야기를 하기에 딱 맞는 소재이며 상징이었다.

광고인 니나 디세사는 광고회사 맥켄 에릭슨의 부사장이다. 그녀는 남자들이 주도하는 비즈니스 세계에서 주눅들지 않고 자신의 능력을 발휘하는 방법을 다룬 『유혹과 조종의 기술』이란 책을 썼다. 이 책은 여자들을 위한 자기계발서라는 형식을 띠고 있지만 그녀 자신의 이야기다.

니나 디세사는 이 책에서 광고인으로 성공하게 된 계기를 말하는데 그 기억을 가장 극적으로 되살리기 위해 엘리베이터라는 물리적인 상징을 찾아냈다. 저녁거리를 사러 마트로 가던 엘리베이터 안에서 그녀는 이혼통고를 받았고 그후 그녀의 '리얼스토리'가 전개되었기 때문이다.

당신의 대표적인 기억을 상징화하는 과정에서 주의할 것이 있다. 가문에 집착하지 말라는 것이다. 아마추어가 쓴 대부분의 자기 이야기들은 가족사나 가문에 대해 읊어대는 것으로 시작하는데 다른 사람이 읽어주는 이야기를 쓰고 싶다면 이를 피해야 한다. 단, 힐러리 클린턴처럼 자신이 다른 어느 세대의 여자들보다 선택의 폭이 넓은 20세기 중반, 미국에서 태어났다는 사실을 강조하기 위해 조상님을 들먹이는 경우라면 가문 이야기를 앞세워도 상관없다.

이야기의 배경을 설명하라

한편, 뉴요커 애덤 고프닉은 파리에서 지낸 20세기 마지막 5년의 삶을 기억하기 위해 『파리에서 달까지』를 썼으며, 1950년대 미국 아이오와 주에서 어린 시절을 보낸 영국 작가 빌 브라이슨은 당시를 회상하는 이야기 『재밌는 세상』을 썼는데 "우리를 특별하고 남다르게 만들어주었던 것들을 지키지 못해 너무 부끄러운"나머지 쓰게 되었다고 밝혔다. 또 세계에서 주목받는 한국계 미국인 비올리스트 리처드 용재오닐은 자신의 음악을 사랑하는 사람들과 공감하고 싶고 차제에 클래식 음악과 더 가까워지기를 바라는 마음에서 이야기 『공감』을 썼다고 밝혔다.

감사의 말과 헌정사로 의미를 부각하라

모든 책쓰기의 결정판은 감사의 말과 헌정사를 쓰는 순간이다. 책이 나오기까지 별별 사람에게 다 감사한다는 '감사의 말'은 저자로서는 가장 쓰고 싶은 내용이지만 독자들은 대부분 그냥 건너뛰는 부분이다. 이 책을 누구에게 바친다는 헌정사도 마찬가지. 나는 책쓰기를 코칭할 때 가급적 감사의 말과 헌정사를 생략하도록 유도한다. 독자들에게 감사와 헌사의 말은 그리 중요하지 않을 뿐더러 저자가 너무 개인사를 들먹이면 책을 통해 발휘되어야 할 영향력이 줄어든다는 판단에서다.

하지만 당신의 이야기를 풀어놓을 때는 예외다. 아니, 감사의 말을 대놓고 하기 위해서라도 이야기를 써야 하는 경우가 있다. 어떤 경우든 감사나 헌사의 말은 당신의 이야기를 듣거나 읽어줄 독자를 생각하여 기술적으로 해야 한다.

알코올 중독자 의붓아버지 밑에서 성장한 빌 클린턴 전 미국 대통령은 선생님의 도움을 많이 받았다. 그는 초등학교 6학년 때 선생님인 캐슬린 샤이어를 존경했다.[28] 클린턴은 그녀를 결혼도 하지 않고 평생을 아이들에게 바친 '강인한 사랑의 신봉자'로 기억한다. 졸업을 앞둔 클린턴이 시민생활 점수가 낮아 1등을 놓치자 그녀는 "빌리, 너는 커서 주지사가 되거나 많은 곤경에 처하거나 둘 중의 하나일 거야. 그건 네가 언제 말을 하고 언제 입을 다물어야 하는지를 배우느냐 못 배우느냐에 달렸어"라고 충고했다. 클린턴은 자서전에 이 이야기를 소개하면서 캐슬린 선생님이 오늘의 자신을 만들었다며 고마운 마음의 빚을 갚는 방식을 택했다.

음악인 금난새의 이야기 『마에스트로 금난새, 열정과 도전』의 표지를 열면 가장 먼저 나오는 문장은 "항상 내 곁을 묵묵히 지켜주는 아내 홍정희에게 이 책을 바칩니다"다. 또 산타클로스가 직접 들려주듯 구성된 크리스마스와 산타클로스의 전설과 그 변천사에 대한 이야기 『산타클로스 자서전』에서는 "나 산타는 이 책을 마음속에 크리스마스를 간직하고 있는 모든 사람에게 바친다"고 헌사했다. 그런가 하면 GE의 잭 웰치 전 회장은 다음과 같은 내용의 인사를 한다.

나는 1인칭을 쓰는 게 정말 싫다. 지금까지 내가 이룬 거의 모든 것들은 다른 사람들이 있었기에 가능했다. 하지만 이런 종류의 책을 쓸 때는 누구나 우리를 의미할 때조차 어쩔 수 없이 나라고 쓰게끔 강요받는다. '나'라는 단어를 볼 때마다 그것이 내 동료들과 친구들을 함께 의미하는 것임을 기억해 주기 바란다.[29]

당신의 이야기를 완성하는
101가지 방법

자신의 삶 속에 있어본
사람들이 인간관계를 찾아내고
마음속 깊게자려 잡은 관심사나
무엇인지 이해하게 되면 그것을
글로 표현하기란 그리 어렵지 않다.
마이클 래비거

앞에서도 얘기했지만 '보통 사람들'
의 자전 에세이와 TV에서의 '리얼리티'
프로그램이 넘치는 까닭은 소설보다 더
소설 같고 판타지보다 더 판타지 같은, 어쩌면 주인공이 내가 될 뻔한
이야기의 힘 때문이다.

이러한 이야기들이 인기가 있는 것은 무엇보다 재미있기 때문이
다. 재미가 없다면 누구의 어떤 이야기든 단 한 달도 지속하기 힘들
다. 이것이 엔터테인먼트 산업의 본령이다. 당신의 이야기도 재미있
어야 한다. 이야기 쓰기는 무엇보다 쓰는 사람이 먼저 재미를 만끽해
야 하며 그렇게 씌어진 것을 다른 이가 읽을 때도 재미있어야 한다.
그렇다고 전문가가 구사할 수 있는 문장의 묘미나 구성의 기술, 편집
의 마법이 복합되어 탄생하는 재미를 당신에게 요구하는 것은 아니
다. 당신이 쓸 수 있는 재미난 이야기란 당신이 아니면 들을 수 없는

당신만의 이야기를 말한다. 남의 책을 많이 읽고 남의 말을 많이 듣고 그래서 아는 게 많은 사람들은 글을 쓸 때 남의 이야기만 잔뜩 늘어놓는다.

요컨대 재미있는 이야기는 당신의 생각과 삶과 경험을 있는 그대로 충실하게 쓰는 것이다. 언론에 자주 오르내려 웬만한 에피소드쯤은 이미 알려진 각계 리더들의 이야기도 숨겨놓았던 사연이나 많은 이들이 관심을 가져온 것들을 파헤쳐 쓰면 흥미로운 이야기가 된다. 누구에게나 다른 사람의 삶을 들여다보고 싶은 욕구가 있으니까 말이다. 자신만의 특별한 성공담이나 성공에 이르기까지의 어려움을 극복한 방법과 자세, 그때까지 차마 공개할 수 없었던 숨은 이야기까지 낱낱이 공개한다면 당신의 이야기도 읽는 이가 꽤 재미있어 할 것이다.

지방도시 마산의 외진 곳에 4.5평의 약국을 차려 마산 지역의 랜드마크로 만들었던 뚝심의 사업가 김성오 사장. 약국 차릴 비용으로 600만 원의 빚을 얻어 시작한 그의 경영자 인생은 현재 시가총액 1조 원인 교육사이트 메가스터디의 공동대표로 빛난다. 그가 쓴 책『육일약국으로 갑시다』는 그 성공의 비하인드 스토리를 풀어놓은 이야기다. 이 책에는 약국을 마산에서 가장 유명한 곳으로 만들기 위해 3년 동안 일부러 택시를 타며 "육일약국 갑시다"를 외쳤다는 등의 재미있는 에피소드가 많이 소개되어 있다.

『코코펠리는 쓸쓸하다』는 제목만으로 상당히 야릇한 느낌을 준다. 저자는 린다 김. 1996년에 발생한 속칭 '린다 김 로비 사건'의 주인공이다. 1996년 국방부가 통신감청용 정찰기를 도입하려는 과정에 개입된 린다 김은 정부 고위관계자를 상대로 로비를 벌였고, 이 과정에서 국방부장관과 부적절한 관계를 가졌다는 것이 폭로되어 한동안 세간의 화제가 되었던 인물이다. 2001년에 출간된 이 이야기는 사실 로비사건에 대한 자신의 심경을 밝히는 것이 주된 목적이었다. 그녀는 이 책을 통해 파라핀 껌을 팔아 용돈을 마련하던 초등학생에서 '황태자'의 첫사랑으로, 가수 김아라로, 마침내는 국제무기거래업계의 영향력 있는 로비스트로, 또 고위 공무원의 '부적절한' 여인으로 세상에 알려지기까지의 파란만장한 삶의 여정을 세세하게 쏟아냈다. 만일 '그런 얘기까지 할 필요가 있었을까'라는 의구심을 가진 독자가 있을 만큼 내용을 자세하게 쓰지 않고 자신이 하고 싶은 얘기만을 에둘러 썼더라면 읽는 사람들이 얼마나 답답해했을까? 또 얼마나 재미없는 이야기가 되었을까.

삶을 다룬 한 편의 이야기를 엮는 방법들

"태어나서 지금까지의 모든 일들을 발생 순서대로 쓰면 되나요?"

이야기를 써보라는 권유를 받으면 대부분의 사람들은 놀라기부터 한다. 적게는 30~40년, 많게는 60~70년이나 살아왔는데 그 모든 과정을 글로 쓰라니 놀랍기도 할 것이다. 하지만 안심하라. 역사를 있는 그대로 빠짐없이 기록하는 사관(史館)이 되라는 주문은 아니니까.

오히려 이야기를 쓸 때 가장 경계해야 할 것이 '오늘의 역사'처럼 미주알고주알 모든 것을 다 담아내려는 욕심이다. 물론 쓰는 사람의 입장에서야 어느 하나의 기억인들 소중하지 않을까마는 이야기는 나름의 기준으로 쓸 것은 쓰고 버릴 것은 버려야 독특한 한 편의 이야기로 완성된다. 그 나름의 기준이란 당신의 영혼에 깊이 새겨진 경험이나 기억들이다. 일일이 메모와 자료를 들추며 기억하려 하지 않아도 잊히지 않는 기억들을 중심으로 쓰면 된다. 이러한 기억들은 당신의 영혼에 매우 특별한 의미가 되어 아로새겨졌을 테고 당신의 내부에서 번쩍하는 통찰의 순간으로 인식되어 있을 테니까.

이야기에 들어갈 내용은 크게는 기억을 지배하는 큼직한 이슈를 중심으로 그 이슈들이 의미하는 것과 그것에 대한 태도와 영향력 정도면 된다. 지금까지 삶에서 일어난 중대한 사건이나 변화의 흔적, 가족에 얽힌 이슈들, 직업인으로 살아오는 동안 있었던 잊지 못할 상황이나 순간들, 당신을 괴롭혀온 상처와 그것을 견디게 한 힘에 대해, 세상을 살아가는 자세와 기준에 대해 쓸 수 있을 것이다.

내 이야기를 만드는 101가지 방법

작가 버지니아 울프는 독특한 방법으로 자신만의 이야기를 썼다.

> 해마다 햄릿을 읽으며 책에 대한 인상을 적어놓는 것은 사실상 우리의 이야기를 쓰는 것이나 다름없다. 왜냐하면 우리가 인생에 대해서 더 많이 알면 알수록 우리가 아는 것에 대한 셰익스피어의 코멘트도 달라지기 때문이다.

책을 읽으며 순간순간 떠오르는 생각을 적는 행위 자체가 이야기 쓰기라는 버지니아 울프의 주장에 고개가 끄덕여진다. 같은 책인데도 시간이 흐른 뒤 다시 읽으면 새롭게 이해되는 경험을 자주 하기 때문이다. 버지니아 울프식 이야기 쓰기의 장점은 매번 갱신되는 데 있을 것이다. 내가 아는 한 사진작가 J씨는 그가 초등학교에 다닐 무렵부터 성인이 될 때까지 해마다 어머니와 함께 찍은 사진을 자랑한다. 첫 사진은 동네 사진관에서 어머니는 앉고 아들은 곁에 서서 찍었다. 해마다 아들의 키는 부쩍부쩍 자라 아담한 어머니의 키를 훌쩍 따라잡았고 성인이 된 아들의 곁에 이제는 왜소해진 어머니가 서 있다. J씨는 이 사진들을 볼 때마다 돌아가신 어머니가 그리워 매번 운다고 한다. 사진작가의 어머니는 이러한 방법으로 아들에게 이야기의 일부를 써주었고 아들의 재능에 자극을 주었다.

만화가 최정현 씨는 가족사진으로 이야기를 쓴다. 해마다 같은 장소에서 직계 방계 할 것 없이 모든 가족이 모여 사진을 찍는다. 매번 같은 장소, 같은 위치에 앉고 서고 하여 찍는다. 올해 사진을 찍을 수 없게 된 가족은 자리를 비워둔다. 결혼하여 가족이 된 사람이나 새로 태어난 아이 등 가족에 새롭게 편입된 사람은 새로운 자리를 잡는다. 해마다 찍은 사진에는 가족의 변화가 고스란히 기록되었다. 싱글이던 가족이 결혼하여 배우자를 옆에 세우고, 그 이듬해에는 임신한 배를 보여주더니 또 그 다음해에는 아이와 함께 사진에 등장한다. 남의 사진이지만, 숨은그림찾기하듯 달라진 곳을 찾으며 들여다보노라면 콧잔등이 시큰해진다. 최정현 씨네는 이 사진들이 가족 모두의 이야기다.

영화 〈라스트 홀리데이〉의 주인공 조지아는 백화점에서 그릇을 파는 판매원이다. 그릇 코너 한쪽에는 주방이 있고, 맛있게 만든 요리를 담아 보여주면서 고객들이 그 그릇을 사가도록 유도하는 게 그녀의 일이다. 그녀의 요리는 참 맛있고, 덕분에 그녀는 백화점 전체에서 가장 판매를 잘하는 사원이 되었다. 하지만 그녀는 매사 소극적이어서 바라는 게 많지만 내색도 못하고 산다. 참고 살 뿐이다. 다만, 그 꿈을 『Book of possibilities』라는 이름의 세상에서 하나뿐인 노트에 담아둔다. 어느 날 조지아에게도 불행이 닥쳐 시한부인생을 선고받는다. 천성이 긍정적인 조지아는 슬퍼하는 대신 꼬박꼬박 모아온 저금과 어머니가 남긴 유산을 털어 평생 하고 싶었던 것을 하기로 마음먹는다. 영화는 이때부터 신나게 전개되는데, 결론적으로 그녀는 노트에 모아놓은 꿈을 모두 이룬다. 영화 마지막 장면에서 조지아는 노트의 제목을 이렇게 바꾼다. 『Book of realities』. 조지아에게는 이 노트가 이야기 자체다.

정하택 씨는 퇴직한 공무원. 그는 전남 완도 부군수를 마지막으로 36년의 공직생활을 마감하는 자신을 기념하기 위해 공들여 문집을 준비했다. '완도사랑'이라는 주제로 펴낸 그의 이 문집 『꿈꾸는 섬, 안도에 가고 싶다』는 그의 이야기다. 그는 공무원 생활의 마지막을 장식한 완도의 진면목을 알리기 위해 오래전부터 사진을 찍고 자료를 모으고 글을 써왔다고 한다. 300여 쪽이나 되는 분량에 최근 촬영한 사진을 빼곡하게 싣고 공직생활의 마지막 3년 6개월을 보낸 완도의 역사와 자연경관, 역사 속의 완도인들, 공무원으로서 공직생활을 기록하여 후대에 좋은 기록문화유산을 전했어야 하는데 그렇지 못한 것을 후회하며 썼다.

미국 드라마 〈위기의 여자〉에서 주인공 중의 한 명인 수잔의 시어머니가 새 며느리 수잔을 위해 할머니의 할머니로부터 전수되던 가족요리의 비법을 담은 레시피북을 선물하는 장면을 본 적이 있다. 물론 시어머니의 속내는 마이클(자신의 아들)이 집에서 만든 남부음식을 먹으면 무척 좋아할 거라는 것이었지만.

드라마를 보며 주부들이라면 이렇게 이야기를 쓰면 되겠다 싶었다. 수잔이 선물 받은 시어머니의 이야기, 레시피북에는 각각의 요리에 대해 사진을 곁들인 레시피에 사연까지 들어 있었다. 가령, '할머닌 비스킷보다 맛있는 게 없다고 했다. 레시피대로 하면 할머니의 비스킷을 만들 수 있다'는 식으로.

살펴본 것처럼 이야기는 노트에 펜으로 태어난 날부터 이때까지의 개인사를 이실직고하듯 써내려가는 방법 외에 당신의 상상력이 허용하는 한 얼마든지 다양하고 재미있고 의미 있게 쓸 수 있다. 이야기를 쓰는 방법은 아마 101가지도 넘겠지만 일반적으로 많이 쓰는 방법에 대해 알아보자.

• 연대기로 쓰기: 태어나서 지금까지 연대순으로 내용을 나열하는 방법이다. 크고 작은 사건이나 이슈를 위주로 나열하는 방법과 무조건 시간의 흐름 순으로, 연대기적으로 쓰는 방법이 있다. 가장 쉽고 편한 방법이다. 하지만 기억력이 비상하지 않는 한 자료에 의존해야 하고 자료를 보며 일일이 기억을 떠올려 연대기 순으로 나열하는 이 방법은 쓰는 사람에게는 의미 있을지라도 독자를 생각한다면 그리 권하고 싶지 않다.

• 특정한 주제를 중심으로 쓰기: 아무리 평범해 보이는 삶도 그 속에

는 자신의 삶을 오랫동안 지배해온 하나의 주제를 품고 있기 마련이다. 이 주제는 상처이기도 하고 영광이기도 하고, 상처도 영광도 아닌 그저 오래된 흉터이기도 할 것이다. 소설가나 시인, 음악가나 미술가 등 작가들은 내면의 이러한 주제를 작품으로 표현한다. 우리도 이야기를 통해서라면 삶의 테마를 표현하는 일이 가능하다. 우리도 우리 삶의 작가이므로.

소설가 김형경 씨는 어느 날 어린 시절부터 성인이 되어서까지 자신의 내면세계를 지배해온 결핍에 대한 에너지를 발견한다. 비록 그 에너지는 '소설가 김형경'을 만들어낸 촉매였겠지만 결핍을 메우기 위해 애써온 시간들과 그로 인해 받았던 숱한 상처들은 그녀를 오랫동안 괴롭혔다.

마침내 그녀는 그 상처들을 피하지 않고 들여다보기 위해 정신분석을 받는다. 정신분석을 받고난 그녀는 마흔을 앞두고 살던 집까지 팔아 바깥세계로 여행을 떠났다. 로마, 피렌체, 밀라노, 파리, 니스, 베이징, 적도 아래의 뉴칼레도니아에 이르기까지 수많은 도시와 항구를 혼자 돌아다니며 이번엔 '마음'을 들여다본다. 발을 멈춘 곳에서 마주친 사람들과의 짤막한 에피소드들은 각각 인간의 내면 깊숙이 자리한 마음의 실체를 상징함을 알게 됐고 그 깨달음은 한 편 한 편의 이야기를 낳았다. 이 이야기는 『천개의 공감』이라는 책으로 묶여 출간됐다. 이 책을 읽으면 저자의 삶이 눈에 보인다. 독자는 이 책을 통해 그녀의 삶을 읽는다.

작가 이철환 씨는 어린 시절을 가난한 산동네에서 보냈다. 사회에 진출한 그는 동네 학원에서 아이들에게 영어를 가르치는 일을 했다. 자연 아이들과 친해지고 그러면서 아이들의 가정형편도 알게 되었다. 어릴 때의 자신처럼 가난으로 힘들어하는 아이들을 그냥 두고 볼 수만은 없었다. 그는 아이들이 영어를 공부하기보다 희망이란 걸 알게 하고 싶었다. 인생의 무게에 짓눌려 살면서도 희망을 잃지 않고 사는 사람들의 슬프지만 아름다운 이야기를 손수 적어 아이들에게 나눠주었다. 그렇게 7년을 꼬박 적어서 나눠준 쪽지는 상당한 분량이 되자 책으로 묶였다. 이렇게 탄생한 것이 바로 『연탄길』이다.

책의 한 페이지 한 페이지를 수놓은 등장인물들의 애환은 바로 저자 이철환 씨의 것이다. 그러기에 독자들은 다른 사람의 이야기이지만 책에서 작가 이철환의 삶을 읽는다.

사람은 누구나 나름의 방법으로 세상을 산다. 직업, 취미, 콤플렉스, 그리고 자신의 전 생애를 지배하는 그 어떤 것을 통해 산다. 그러므로 그 어떤 방법을 앞세워 글이나 책을 쓴다면 그것은 곧 당신 삶의 이야기가 된다.

삶에서 신앙이 가장 중요한 가치인 사람은 영적인 이야기를 쓸 것이다. 시간이 그렇게 많이 흘렀어도 여전한 감동으로 많은 사람들이 찾아 읽는 책들 가운데 영적 이야기가 많다. 그 대표적인 것이 성 아우구스티누스가 쓴 『고백록』이다.

존스홉킨스 대학병원의 신경외과 의사인 벤칸슨 교수의 삶의 은유는 '위험을 감수하는 것'이다. 그의 생애는 각 국면마다 매복되어 있는 위험을 알아차리고 이겨내는 것으로 점철되었고 『위험을 감수하라』는 책은 이 같은 경험을 엮은 '이야기'다. 결국 가장 흥미로운 특정한 주제를 앞세워 쓰는 모든 글쓰기는 이러한 의미에서 자신의 삶에 대한 이야기다.

• 다른 장르로 포장하여 쓰기: 창작을 하는 사람들은 '자기 이야기'를 먼저 해야 다른 이야기를 할 수 있다는 징크스를 극복하기 위해 소설이나 영화나 다큐멘터리 등의 방법으로 '자기 이야기'를 먼저 쓴다.

당신의 이야기를 공개하기가 민망하다면 다른 장르로 포장하여 이야기를 써보자. 가장 흔한 것이 자전소설이다. 자전소설은 작가의 개인적인 삶을 소재로 소설을 쓰는 것으로 상상력에 기반한 소설에 비해 상상력으로 따라잡을 수 없는 리얼리티에서 오는 감동을 준다. 『가시고기』『남자의 향기』와 같은 소설에서 최근 나온 『스타일』에 이르기까지 자전소설은 대단한 흡인력과 호기심으로 독자를 유혹한다.

김영진 씨는 드라마 연출자다. 1998년에 방영되어 큰 인기를 끌었던 〈야망의 전설〉을 연출했다. 그는 휴가를 겸해 미국에 살던 가족을 만나러 갔다가 차가 전복되는 교통사고를 당했다. 한동안 식물인간으로 살았고 4개월 만에 극적으로 의식을 되찾았지만 왼쪽 하반신이 마비된 것을 알았다. 재활치료를 열심히 한 덕분에 휠체어를 버리고 지팡이에 의지할 정도가 된 김영진 씨는 복직했지만 연출이 아닌 행정직으로 근무해야 했다. 연출에의 미련을 버리지 못하고 있던 그에게 영화제작의 기회가 주어졌고 그는 자신의 이야기를 영화에 담았다.

2007년 무대에 올려진 연극 〈꿈꿔서 미안해〉는 춥고 가난한 연극인으로 살아온 희곡작가 윤대성 선생의 이야기다. 무대에는 가정도 돌보지 않고 연극에만 미쳐 살다 외롭게 늙어가는 한 희극배우의 삶이 펼쳐졌지만 관객들은 연극인 생활을 하며 힘들게 살아간 윤대성이라는 한 작가의 삶을 보았다.

할리우드 여배우 로잔나 아퀘트는 할리우드에 딴지걸기를 앞세운 이야기를 썼다. 그녀는 여배우를 하나의 상품으로 간주하는 할리우드에 일격을 가하는 다큐멘터리 영화 〈데브라 윙거를 찾아서〉를 기획하고 감독하고 출연했다. 이 영화는 은둔한 영화배우 데브라 윙거를 찾아내는 줄거리를 취하지만 할리우드가 반기지 않는 특정 나이를 넘긴 할리우드 배우들의 어려운 삶을 다룬다. 다시 말해 이런 풍토에서 살고 있는 로잔나 아퀘트 자신의 삶, 이제 더 이상 여자 주인공이 아닌, 여주인공의 언니나 어머니로 연기할 수밖에 없는 허전한 삶을 그리고 있다.

• 편지 혹은 일기로 쓰기:『야생초편지』를 쓴 황대권 씨는 어느 날 졸지에 유학생의 신분에서 간첩으로 전락한다. 무기형을 받아 복역하던 그는 '어쩔 수 없이' 자신의 몸에 관심을 갖게 되고 만성 기관지염에 요통과 치통을 다스리기 위해 자연요법을 선택한다. 그것 역시 복역 중이라는 부자유한 처지 때문에 여의치 않아지자 운동시간에 운동장에 난 풀을 먹으며 자연요법을 시도한다. 그렇게 그는 생태주의자가 되었다.

7년 동안 안동교도소에 있으면서 운동장 한구석에 화단을 만들어 다른 이의 눈에는 잡초로밖에 보이지 않는 야생초를 가꾸었다. 그의 손길로 가꾸어진 안동교도소 화단의 야생초는 100종이나 되었고, 그는 심고 기르는 전 과정을 기록했다. 교도소 안에서는 글을 써서 가지는 것이 금지되어 있으므로 그는 누군가에게 보내는 편지에 그 기록을 이어갔다. 그의 책 『야생초편지』는 바로 이 기록을 묶은 것이다. 책을 넘기면 참으로 평화롭기 그지없는 글과 그림들을 볼 수 있다. 감옥에서 쓰고 그려 편지로 빛을 본 것들이다. 편지 한 통 한 통에는 글쓴이의 역사가 고스란히 숨쉬고 있다. 그러니 이 편지들이 이야기가 아니고 무엇이겠는가?

다산 정약용도 편지로 이야기를 썼다. 그는 전라남도 강진 땅에서 18년이나 유배생활을 했는데 이때는 한창 성장기에 있던 자녀들에게 아버지의 가르침이 절실한 시기였다. 선생은 비통해하는 대신 아들들에게 편지를 썼다. "부단히 학문에 정진할 것이며, 이웃에 봉사할 것이며, 정직할 것이며……." 마치 아들들을 무릎 앞에 앉혀놓고 이르듯 편지로 썼다. 다산에게는 이 편지가 삶의 이야기가 아니었을까.

63시티의 정이만 사장은 신입사원 때부터 일기를 썼다. 일기장만 해도 무려 30권이나 된다고 한다. 그 중 1997년 12월 1일자 하루치 일기를 들춰보면 이렇게 기록되어 있다. "오늘 정식으로 '이사보'가 됐다. 맨 먼저 바뀌는 게 책상이다. 눈으로만 보던 임원 책상에 앉아보니 비로소 임원이 됐다는 실감이 난다. 책상만 바뀌었는데도 그렇게 기분이 달라진다. 어려운 시절에 진급했으니 의미가 남다르다고 할 수 있겠지. 좋아도 좋은 기색을 할 수 없는 상황이다." 그에게 세상에 단 하나밖에 없는 보물 중의 보물이 일기일 것이다. 그는 수시로 일기를 들춰보며 치열했던 삶의 흔적을 돌아본다. 일이 잘 풀리지 않을 때도 일기장을 뒤적거리며 '이럴 때, 전에는 어떻게 했더라?' 하며 경험칙에서 답을 찾아낸다. 아직은 일기라는 형식에 갇혀 있어 독자가 단 한 사람뿐이지만 그가 마음만 먹는다면 책으로 꾸며 수많은 독자들이 그의 삶을 배우려 할 것이다.

그런가 하면 윤영수 예비역 준장은 육군사관학교에 입학한 1972년부터 퇴역한 날까지 36년 동안 매일같이 쓴 일기를 책으로 펴냈다. 제목도 『나는 행복한 군인이었다』다.

진철 씨는 27년간 제1형 당뇨병 환자로 살아온 경험과 이웃들의 이야기인 병상일지를 『춤추는 혈당을 잡아라』라는 책으로 펴내 많은 당뇨병 환자들에게 도움을 주었다.

일기는 쓴 사람의 개인적인 정황과 당대의 사회상까지 반영한다는 점에서 훌륭한 이야기다. 일기가 고스란히 책이 되기에는 부족한 점이 있겠지만 자신에게 일어났던 일들을 단순히 기억에 의존하지 않고 일기에 남겨진 정확하고 상세한 기록을 토대로 떠올릴 수 있다는 점은 오히려 긍정적이다.

40년 동안 대학노트 320권이나 되는 일기를 써온 '빈수레'(네이버 아이디) 씨. 그는 일기를 쓸 때 가능한 한 사실 위주로 묘사하는 데 신경을 썼다. 사랑하는 연인과 나누었던 이야기를 고스란히 적어두어 수십년이 지난 지금도 그 글을 읽으면 그 당시의 열애 분위기로 순간 이동할 수 있다고 한다. 연재가 아직 진행 중이지만 최근 그는 일기를 디지털 자료화하여 CD에 저장했다. 수시로 CD를 열어 콘텐츠를 점검하며 이야기 작업을 하는 것이다. 손수 만든 한 편의 대하드라마는 100권 내외의 한정판 책으로 찍어 아내와 가족과 지인들에게 선물할 계획이다. 그는 이러한 행보에 대해 "자서전 쓰기가 특정한 사람들의 전유물이라는 고정관념에 대한 저항이기도 하다"고 카페에 썼다. 그는 이렇게 스스로에게 묻는다. "왜 그렇게 일기를 써야 했을까?" 답은 이렇다. "내 존재의 이유를 알고 싶었고, 내가 살아 있음을 증명해보고 싶어서."

엽서로도 이야기를 쓸 수 있다. 미국의 유명한 동기부여 전문가 리처드 J. 라이더는 엽서쓰기를 권한다. 그에 따르면 인생은 여행이며 그 여행은 다른 사람들과 함께하는 것이 중요하다는 사실을 깨우쳐주기 위해 만들어놓은 것이므로 지금 당신이 어디에 있으며 사정이 어떤지를 알려주는 것이 엽서쓰기의 역할이라는 것이다.

엽서는 편지에 비해 가벼운 마음으로 쓸 수 있으며 따라서 엽서쓰기의 핵심은 어떤 내용을 쓰는가가 아니라 무슨 말이든 얘기를 한다는 것, 즉 연락을 취하는 행위라고 강조한다. 연락을 취함으로써 '주위 사람들과 대화를 계속 이어나갈 수 있다는 것'이다. 이것이 이야기의 기능이 아니고 무엇일까.

나도 해외여행을 가면 집으로 엽서를 보낸다. 받는 이도 쓰는 이도 나 자신이다. 여행지가 여러 곳일 때는 아예 집주소를 영문으로 써서 만든 스티커를 가지고 간다. 한 번씩 불태워버려 다 없어지긴 했지만, 엽서쓰기로 정리된 생각들 또한 내 영혼의 이야기의 한 장(章)을 구성해왔다.

• 구술하기: 이야기하기가 '글로 쓰기'라는 조건부였다면 당신에게 권하지 않았다. 무엇보다 이야기는 남녀노소 누구나 쓸 수 있다고 전제한 만큼 굳이 글쓰기라는 형식이 아니어도 얼마든지 쓸 수 있다는 것을 말하려 한다. 그 중 하나가 구술하기다. 구술이란 입으로 쓰는

글, 즉 말을 하면 누군가가 그것을 대신 받아적는 것을 말한다. 글을 모르거나 쓸 줄 모르지만 역사적으로 기록을 남겨야 하는 경우 구술 정리의 방법을 사용하는 경우가 적지 않다.『그림 속으로 들어간 소녀』는 일본군 위안부 할머니의 독백을 대필작가가 기록한 책이다.

　미국에서 유행되고 있는 스토리코어스는 평범한 사람들의 이야기를 듣고 기록으로 남기는 직업을 말한다. 이 프로젝트는 일반인들이 후대에 남기고 싶어하는 내용을 녹음하면 그 파일을 미국 의회도서관에 영구적으로 보관한다. 사람들이 자신의 이야기를 녹음하기 위해 프로젝트 측 녹음실로 찾아오기도 하고, 프로젝트 측에서 녹음하기 위해 사람들을 찾아가기도 한다.

　『전환시대의 논리』『우상과 이성』『분단을 넘어서』등의 저서로 냉전 이데올로기의 허구를 일깨웠던 리영희 선생은 수년전 뇌졸중으로 쓰러져 손이 마비되었다. 선생은 대학생이 당신의 집에 기거하며 써준 구술원고를 2년 동안이나 고쳐쓰는 초인적인 의지로 700쪽이 넘는 이야기책『대화』를 냈다.

　세계 최고의 부자 워런 버핏은 남 못잖은 글 실력에도 불구하고 자신을 가장 잘 아는 애널리스트와 함께 이야기책을 공동으로 집필했다.

　심리학자 카를 융도 제자이자 여비서인 아니엘라 야페와 함께 『카를 융 : 기억 꿈 사상』이라는 이야기를 썼는데 융이 82세 되던 해부터 5년 동안 매주 하루의 오후를 할애하여 대담을 통해 이야기를 썼다고 한다. 그는 야페가 쓴 문장 하나하나를 손보았기 때문에 직접 쓴 것이나 다름없다고 강조했다 한다. 당신도 녹음기를 사용하여 내용을 남기거나 메모만으로 글감을 추린 다음 이야기를 대신 써주는 작가에게 정리를 부탁하면 된다.

• 디지털로 쓰기: 책이나 영화, 연극으로 이야기를 쓰는 사람은 많지 않을 것이다. 하지만 이미 많은 사람들이 디지털로 제공되는 멀티미디어를 총동원하여 이야기를 쓰고 있다. 블로그나 이메일, 홈페이지, 미니홈피를 통해 쓰는 글은 그 자체로 이야기이거나 이야기의 소스가 되는 글감들의 모음이다.

어느 예비엄마는 임신 기간 280일 동안의 특별한 시간을 디지털 사진으로 남기는 작업을 통해 엄마와 아기의 이야기를 쓴다. 일산에 사는 한 젊은 새댁은 신랑을 위해 요리하는 짬짬이 레시피와 조리과정을 블로그에 올리면서 소소한 삶의 이야기도 함께 올린다. 이처럼 보편화된 디지털 자원을 이용하여 사람들은 저마다의 이야기 쓰기에 몰두하고 있다.

이 밖에도 당신이 마음만 먹는다면 이야기를 쓰는 방식은 얼마든지 무궁무진하다. 영화 〈블루베리나이츠〉에서 주인공 제레미는 자신의 카페에 설치된 CC카메라를 일기로 간주하여 한 번씩 테이프를 틀며 "그때 이랬었지"라고 말한다. 그는 CC카메라로 이야기를 쓰는 셈이다.

다른 이의 손을 빌려 이야기를 쓰는 것은 가장 편한 방법이지만 비용이 만만치 않다. 미국 등지에는 이야기를 만들어주는 웹사이트가 있어 많은 이들이 자신의 이야기책을 갖는다. 라이프바이오닷컴 같은 웹사이트는 질문에 답을 쓰기만 하면 이야기가 완성되고 이것을 CD나 책 등 원하는 대로 만들어 가질 수 있다. 하지만 우리나라에서는 그리 활성화되지 않았다.

거듭 강조하지만, 이야기 쓰기에서 가장 중요한 것은 쓰고 싶다는 열망이다. 필력은 충분조건이지 필수조건이 아니다. 손으로 쓰든 컴퓨터로 쓰든 사진으로 쓰든 그림으로 쓰든 공연으로 쓰든 편지로 쓰든 형식도 중요하지 않다. 당신이 가장 잘할 수 있는 방식으로 이야기하면 된다.

바이러스처럼 잘 퍼뜨려지는
이야기 만들기

『블링크』『아웃라이어』와 같은 베스트셀러를 쓴 경영사상가 말콤 글래드웰은 아이디어와 상품을 퍼뜨리는 데 가장 강력한 방법은 입소문이라고 주장한다. 당신의 이야기가 입소문을 타게 하려면 이야기에 매혹적인 어떤 것을 담고 있어야 한다. 그래야 바이러스처럼 침투되고 유포된다.

누군가를 매혹시키는 포인트는 사람마다 다르다. 그러나 대체로 매혹적인 이야기는 관심을 끌게 하는 요소와 이야기를 주위에 퍼뜨리게 하는 의미 있는 메시지, 몰입해들이는 재미, 세 가지를 갖추고 있다. 이 세 가지 요소를 갖춘 이야기는 흥미를 제공하는 차원을 넘어 관심을 유발하고 공감하게 하고 개인적인 관심사와 맞물려 공명함으로써 날개를 단 듯 입에서 입으로 퍼져나간다.

• 관심 끌기: 관심을 끌려면 우선 흥미로워야 한다. 흥미를 유발하는

수준을 넘어 지속적으로 관심을 불러일으키려면 다음과 같은 요소를 충족해야 한다.

- 사회적으로 이슈를 창출할 것
- 은밀할 것
- 자극적일 것
- 재미있을 것
- 전혀 새롭거나 다를 것

영국 버진그룹 리처드 브랜슨 회장의 이야기를 읽으면 그가 마치 기인처럼 느껴진다. 그는 고공낙하 같은 모험을 자행함으로써 언론의 주목을 받고 사회적 관심도 한몸에 모으려 한다. 덕분에 그는 '21세기를 대표하는 창조경영의 아이콘'으로 많은 사람들의 이야기와 연설과 책과 글에서 회자된다.

정상의 헤어디자이너인 박준 씨는 거꾸로 매달려 있는 여자의 머리를 커트하는 퍼포먼스를 보여주어 많은 사람들의 흥미를 자아냈다. 이후 많은 사람들은 '헤어디자이너 박준=거꾸로 머리카락 자른 사람'이라는 등식으로 기억한다.

앞서도 소개한 공무원 박병태 씨는 미국의 유명한 대학에서 석사학위를 받은 엘리트지만 공식 학력은 초등학교 졸업이라는 사실 때문에 그가 쓴 영어책은 큰 관심을 불러일으켰다. 그가 쓴 책에는 중학교에도 진학하지 않고 영어로 학위를 따게 된 비결이 담겨 있기 때문이다. 단순한 흥미는 그 순간이 지나면 그만이다. 오래 기억되고 입소문을 통해 퍼져나가려면 흥밋거리의 수준을 넘어 관심으로 증폭되어야 한다. 그러려면 이야기의 짜임새와 의미가 함께 맞물려야 한다.

• 의미 있는 메시지: 이야기는 주인공인 당신 자신과 소비자(독자), 모두에게 의미 있어야 한다. 이야기를 통해 전달하려 했던 핵심 메시지가 잘 드러나야 하며, 그 메시지를 이야기 소비자들이 무리없이 전해받아야 한다. 무엇보다 이야기 사이사이에는 당신의 정체성이 유감없이 드러나야 한다. 당신의 빛나는 역사와 정체성이 잘 표현되어야 한다. 당신은 누구이며 무엇을 말하려고 하는지, 다른 사람들은 당신에 대해 뭐라고 하는지를 독자가 쉽게 포착할 수 있어야 한다. 가능한 한 당신의 이같은 정체성은 당신의 이야기를 풀어내는 그 순간의 이슈와도 통해야 한다.

미국 기업 이메이션의 글로벌 총괄대표인 이장우 씨는 한 특강에서 대학을 나오고도 연탄 살 돈이 없어 추위에 떨었고, 외환위기 때는 파산 직전까지 갔다가 살아남았다고 이야기했다. 그럼에도 불구하고 이제 글로벌 CEO로 자리잡은 그는 "내게는 바닥이 곧 희망이었다. 더 잃을 게 없다고 생각하는 순간 난 내가 가진 경력과 체면을 모두 버리고 새로운 꿈을 꾸기 시작했다. 그래서 이미 현실이 되어버린 경제 빙하기에서 살아남기 위해, 정말 하고 싶은 일에 도전하기 위해 난 지금 내려가는 연습을 한다. 그때 내가 그랬던 것처럼 이 경제 빙하기에 지금 내려가서 바닥치고 올라오라"는 메시지를 발신했다. 이장우 대표의 이야기는 경제 빙하기라 일컬어지는 지금 시기에 좌절을 경험하는 많은 이들의 귀를 지나 가슴을 울렸다. 특강을 들은 사람들은 너도나도 이장우 대표의 이름을 들먹였고 그렇게 이야기 바이러스는 널리 퍼져나갔다. 이처럼 당신의 이야기가 포함하는 핵심 메시지는 그때그때 시기적절하게 각색되어 사람들 사이에 퍼져야 한다.

메시지에 도드라진 의미를 담아 전하고 싶을 때는 내용이 경직되지 않게 조심해야 한다. 그 어떤 심오한 주제도 다섯 살 어린아이를 대상으로 이야기하는 디즈니나 픽사의 '쿨한' 방법을 배워야 한다.

• 몰입할 만큼 재미있게: 흥미로 들여다본 이야기에 메시지까지 의미심장하다면 반은 성공한 이야기다. 이제 남은 절반의 성공을 좌우하는 '재미'라는 요소를 보자. 한마디로 이야기가 지리멸렬하다면 그것으로 그만이다. 오랫동안 흥미를 잃지 않고 이야기에 몰입하고 기억하고 퍼뜨리는 단계까지 나아가려면 무엇보다 이야기가 재미있어야 한다. 이야기의 재미는 짜임새에 달려 있다. 이야기를 매혹적으로 구성하는 방법은 '극적으로 이야기하기'다.

아이 어른 할 것 없이 영화나 TV드라마나 CF나 애니메이션이나 뮤직비디오에 탐닉하는 것은 바로 이 극적인 요소 때문이다. 마치 드라마(극)에서나 보듯 긴장과 감동을 불러오는 장치나 설정을 극적이다 혹은 드라마틱하다고 표현한다. 현실에서 보기 힘든 특별한 경우처럼 설정하는 것을 말한다.

극적으로 이야기하기에서 중요한 것은 플롯(어떻게 구성되는가)과 캐릭터(등장인물이 어떤 성격을 갖는가)다. 플롯은 이야기를 박진감 넘치고 흥미진진하게 만들어주는 요소다. 이야기를 구성하는 요건들이 인과관계 속에 얽히고설켜 극의 흐름을 쥐락펴락한다.

플롯의 방법은 수없이 많다. 하지만 로널드 B. 토비아스가 이야기를 재미있게 구성하는 대표적인 플롯에 대해 집중적으로 소개하기 위해 쓴 책『인간의 마음을 사로잡는 20가지 플롯』을 참조하면 당신에게 필요한 플롯을 채택하는 데 매우 편리하다. 로널드가 제안한 주요 플롯 중 당신이 기억할 만한 플롯은 '영웅의 여정(Hero's Journey)'이라는 이름이 붙은 플롯이다. 영화감독 조지 루카스는 자신의 작품에 단 하나의 플롯인 '영웅의 여정'을 도입해 쓰고 있다. 조지 루카스 같은 이야기의 명장이 줄곧 단 하나의 플롯만 사용한다면, 그리하여 매번 성공한다면 이야기를 지어내는 데 아마추어인 우리는 그의 방법을 따라하는 것만으로도 기대 이상의 효과를 올리게 될 것이다.

미국의 신화종교학자인 조셉 캠벨의『천의 얼굴을 가진 영웅』을 통해 소개된 영웅의 여정은 '평범하게 살던 한 사람이 자신에게 부여된 소명을 인식하고 귀인의 인도를 받으며 모험을 떠나 험난한 과정을 겪어내며 임무를 완성하고 살던 곳으로 귀환한다'는 플롯이다. 이 플롯을 토대로 조지 루카스는 자신만의 5단계 플롯을 완성했다.

1단계: 고향을 떠남
2단계: 어려움을 만남
3단계: 목적을 알게 됨
4단계: 먼 곳에서의 전투
5단계: 먼 곳으로부터의 귀향

루카스는 대표작 〈스타워즈〉를 비롯하여 자신의 전 작품에 5단계 플롯을 적용했다.[30] 루카스의 이 플롯이 잘 먹힌 이유는 우리가 어려서부터 접해 우리에게 너무도 익숙한 신화와 전설의 구조이기 때문이다. 대대적인 흥행몰이를 동반하는 픽사의 애니메이션들도 루카스나 조셉 캠벨의 플롯 범위 안에 있다. 〈토이스토리2〉 〈니모를 찾아서〉 〈인크레더블〉 등 대부분의 픽사 작품은 픽사만의 평균적인 플롯인 '구출 혹은 탈출, 모험과 추구'라는 네 가지 플롯이 큰 줄기를 만들어 흥미진진한 이야기를 완성한다.[31]

이러한 플롯 덕분에 픽사의 작품들은 아동용이 아니라 세대를 초월하여 모두가 함께 보는 가족영화로 흥행에 크게 성공했다.

나는 루카스의 이야기틀을 빌려 디지털아티스트 오진국 씨의 이야기를 만들었다. 오진국 씨는 디지털아트라는 영역을 개척한 사람이다. 그는 어렸을 때부터 그림쟁이로서의 소명을 깨달았으나 여러 가지 이유로 거부당했다. 그후 30여 년 동안 다른 분야에서 평범한 삶을 살다가 쉰 살이 넘어서야 자신의 소명을 재인식하고 '디지털아트'라는 분야를 자신만의 방식으로 재창출했다. 물론 소명을 인식했다고 하여 그의 여정이 탄탄대로였다는 얘기는 아니다. 나름의 우여곡절을 겪은 끝에 그는 이제 대한민국 디지털아티스트 1호로 인정받고 많은 이의 귀감이 될 정도로 소명을 다했다. 그리고 마침내 '영웅의 여정'을 마무리했다.

당신의 이야기는 한마디로?

바이러스처럼 전파되는 이야기는 무엇보다 스토리라인이 분명해야 한다. 분명한 스토리라인은 단 한마디로 정리된다. 그래야 이야기 소비자들이 기억하기 좋고 퍼나르기 좋다. 요약이라고 하여 짧고 단순하게 이야기를 정리하는 게 아니다. 짧은 한 줄의 요약이지만 듣는 이로 하여금 호기심을 불러일으킬 만큼 충분히 매혹적이어야 한다. 당장이라도 이야기를 듣고 싶게끔 만들 수 있어야 한다. 또 그 짧은 문장 안에 이야기의 주인공인 당신의 특성을 설명하는 단서가 들어 있어야 하고 기억에 남도록 강렬해야 한다.

기업들의 사례에서 당신의 이야기를 단 한마디로 요약하는 노하우를 배울 수 있다. '커피가 아니라 경험을 파는 스타벅스'처럼. 또한 할리우드 영화산업에서 사용되는 '하이콘셉트'라는 용어를 이해하면 당신의 이야기를 한마디로 요약하는 방법을 배우게 된다. 할리우드 마케터들은 스물다섯자 이내로 줄거리를 요약하도록 요청한다. '전 세계 연인들을 사로잡을 세기의 사랑-벤자민 버튼의 시간은 거꾸로 간다' '공작부인-세기의 스캔들'처럼 한마디로 요약된다. 책이나 블로그, 각 매체의 칼럼으로 소개되는 내 이야기는 '당신을 팔지 말고 사게 하라. 퍼스널브랜딩으로'라는 말로 정리된다. 토즈의 김윤환 대표는 '성공을 돕는 카탈리스트 김윤환'으로, 당근영어의 노상충 대표는 '한국판 크렌토빌을 꿈꾸는 한국의 잭 웰치'로 요약된다. 당신의 이야기도 한마디로 요약하라.

이야기를 토픽으로
재구성하라

당신이 살고 있는 이 세계는 이야기라는 자양분으로 생존한다. 따라서 도처에서 이야기 사냥을 위한 몸부림이 치열하다. 그러므로 그들이 다니는 길목에 당신의 이야기를 슬쩍 흘려놓기만 한다면 당신의 이야기도 그들이 비싸게 사갈 것이다. 그렇게만 되면 이 세상을 둘러싼 모든 매체를 통해 공개되고 그리하여 세상 사람들은 당신의 이야기를 입에 오르내리며 당신을 소문낼 것이다. 당신은 자신도 모르는 사이에 유명인사가 되어 있을 것이다. 마침내 당신은 이름 석 자만으로 행세하는 퍼스널브랜드로 우뚝 서게 될 것이다.

그렇게 되려면 당신은 어떻게 해야 할까? 당신의 이야기를 완성한 채로 그냥 있기만 하면 알아서 이야기 바이러스가 그들 속으로 침투하고 활동할까? 이야기로 당신을 팔기 위해 마지막으로 해야 할 일이 있다. 당신의 이야기가 세간의 입에 오르내리도록 그들 속으로 이야기를 던지는 것이다. 매체에 맞춰 그 속성을 충분히 반영하고 그 속에 이야기 바이러스를 침투시켜 '토픽, 즉 화젯거리'라는 이름으로 세상에 소개하는 것이다.

발등에 떨어진 문제부터 해결하라

사람은 누구나 발등에 불이 떨어져야 그것을 해결하려고 서두른다. 그 전에는 어떤 경고와 협박도 먹히지 않는다. 동네에 강도가 들어 사람이 죽어나가는 일이 생기고 나서야 고장난 현관문 시건장치를 고친다는 말이다. 당신의 이야기를 토픽으로 변환할 때도 이 점을 기억해야 한다. 일상적으로 문제를 제기할 때와 급박하고도 중요하게 문제를 제기했을 때의 반응이 어떻게 다른가를 나는 블로그에서 자주 실험한다. 이런 식이다.

글을 쓰거나 말을 할 때 메시지를 정확하게 표현하라는 내용의 글에 '메시지에 집중하라'라는 제목을 달았다. 어떤 충격적인 표현도 없는 제목이어서 그런지 조회 수가 신통찮았다. 제목을 이렇게 바꿔보았다.

'왜 내 말은 잘 안 먹힐까?' 제목을 바꾼 순간부터 조회 수는 득달같이 올라갔다. 메시지에 집중하지 않은 탓에 말이든 글이든 당초의 의도를 달성하지 못하는 것이다. 그러니 말이 잘 안 먹힌다는 하소연이 나올 수밖에. 일상생활에서 말발이 잘 안 먹히는 사람들을 많이 봤다. 위의 문장은 그들의 발등에 떨어진 문제를 해결해주겠다는 암시가 담긴 제목이다.

또 아이에게 블로그를 활용하게 하면 표현력이 는다는 글을 쓰고 '블로그로 아이의 표현력을 길러주라'는 제목을 달았다. 역시 신통치 않았다. 너무나 평범한 데다 그저그런 토픽이었다. 이것을 '블로그로 내 아이 대학 보내기'라 고쳤다. 아니나 다를까, 많은 사람들이 관심을 보였다. 아이를 대학에 보내는 문제는 집집마다 안고 있는 가장 뜨거운 불덩이다. 그러니 먹힐 수밖에.

이처럼 평범한 토픽을 쓰지 말고 문제가 되는 특정한 환경을 찾거나 만들어 기기에 맞는 해법을 제안하는 토픽을 써야 그 속의 바이러스가 활동하기 훨씬 수월해진다.

솔깃한 이야기로 변환하라

당신의 이야기를 들어줄 이야기 소비자의 호기심과 관심을 자극하라. 사람은 저마다의 관심사에만 흥미를 갖는 법이다. 또 자신에게 이득이 되는 것에는 자다가도 눈이 번쩍 뜨인다. 또 뭔가 새롭거나 다르거나 특이하거나 통념에 반하는 것에 호기심이 발동한다. 언론미디어의 콘텐츠들은 이런 요건을 충족하는 토픽들로 채워진다. 그러므로 매체들이 어떤 토픽을 뽑아 어떤 제목으로 어떻게 포장하여 싣는지를 들여다보면 그 방법을 알 수 있다.

당신의 이야기가 지금 주목받는 어떤 이슈나 현상과 직접적 관계가 있음을 보여주라. 나는 내 이야기를 수없이 다양한 버전으로 만들어 매일 새롭게 공개한다. 이러한 작업이 가능한 것은 이야기 플랫폼이라 할 수 있는 블로그 덕분인데, 내 블로그에는 매일 아침 신문에서 발견한 이슈거리를 앞세워 그날치 새로운 이야기가 소개된다. 가령, 블로그로 서울대 특기전형에 합격한 임지민 학생의 기사가 실리면 나는 "거봐라, 블로그만 잘해도 대학 간다. 블로그는 자신을 표현하는 데 더없이 좋은 매체다. 당장 블로그를 시작하자. 단, 블로그도 쓰기 기반의 미디어이므로 글쓰기 훈련을 게을리하지 말자"라고 이야기를 올린다. '블로그를 잘 쓰면 여러모로 좋다'라는 일반적인 이야기보다는 이처럼 화젯거리를 불러와 이야기를 쓰면 그 관심사가 당신의 이야기에 집중된다.

공감대를 형성하라

단순한 흥미만으로는 안 된다. 흥밋거리를 통해 당신이 제안하는 메시지가 포함되어야 당신의 이야기는 빛을 발한다. 그 이야기가 당신의 울타리를 넘어 많은 다른 사람과의 공감대를 형성하려면 이야기 안의 메시지가 분명해야 한다. 이때 메시지를 받치는 근거도 객관적으로 제시되어야 공감대가 형성된다.

사람에 초점을 맞춰라

메시지에 초점을 맞추면 이야기가 재미없어진다. 메시지를 끌고 갈 사람을 등장시켜 이야기하면 훨씬 설득력 있다. 다음의 A와 B의 사례를 보자.

A _ 서민들의 가계가 반토막 나고 있다. 복합 경제위기의 여파로 지불해야 하는 부담은 늘어만 가는데 갖고 있는 자산은 바닥을 모르고 떨어지고 있다.

삶의 질이나 생활수준은 말할 것 없고 미래의 꿈까지 줄줄이 반토막이다. 이 같은 어려움이 얼마나 깊어지고 언제나 끝이

날지, 늘어나는 것은 불안감뿐이다.

지난해 이맘때만 해도 갖가지 계획에 그래도 꿈이 있었으나 지금은 하루하루 걱정만 쌓인다. 불과 1년 사이에 시름과 한숨으로 변해버린 가계를 돌아보면 도무지 믿고 싶지 않다.

어려움은 늘 없는 사람에게 먼저, 더 크게 닥치는 법. 경제난은 이세 시작이고 물가 역시 '앞으로가 더 문제'라는 말을 들으면 잠조차 오지 않는다.

그저 큰 욕심 없이 가족과 오순도순 사는 것이 꿈인 서민은 물론 그나마 조금 있는 재산을 이리저리 불릴 궁리를 하고 있는 중산층 역시 팍팍해진 살림에 그저 막막하다.

B _ 두 자녀를 둔 A금융회사 최모(40) 차장은 결혼 11년 만인 작년 말 서울 송파구에 106m^2(32평)의 내 집을 마련할 때만 해도 의기양양했다. 그는 3억2000만 원의 주택담보대출을 얻어 2억 원은 아파트 잔금을 치르고, 나머지는 주식형 펀드에 투자했다. 월급으로 이자 갚아 나가면서 펀드가 불어나면 몇 년 안에 대출금을 다 갚을 수 있을 것이라고 생각했다.

그러나 최씨의 계산은 완전히 빗나갔다. 주가 폭락으로 펀드를 까먹은 반면, 물가·금리 상승으로 지출은 늘어나 가계부가 적자 직전에 몰렸다. 그는 "생활비는 물론, 대출이자는 월 160만 원에서 173만 원으로 늘었는데 펀드는 벌써 1000만 원이나 원금을 까먹었다"며 "이런 상황이 계속되면 마이너스 대출을 받을 수밖에 없다"고 말했다.

가계 살림이 쪼그라들고 있다. 고물가 · 고금리로 지출은 늘어난 반면, 주식 · 부동산값이 떨어지면서 보유 자산이 줄어들고 있기 때문이다. 3가구당 1가구꼴로 적자를 내고 있는 상황에서 가계 빚은 갈수록 부풀고 있어 자칫 중산층마저 파산 위기에 내몰릴 수 있다는 지적이 나오고 있다.

두 이야기 모두, 경제위기로 인한 서민들의 궁핍해진 살림살이를 다루고 있다. 하지만 A는 사실 위주로 이야기를 전개한 반면, B는 사실과 관련된 '사람'의 이야기를 다루고 있다. 그 결과 A보다 B가 이해하기 쉽고 공감하기도 쉽다. 사람의 이야기로 풀면 나와 관계없는 내용이라 생각하던 메시지가 바로 내 이야기일 수도 있다는 실감으로 다가온다. 결국 이야기 소비자 자신의 이야기로 생각하게 함으로써 설득에 성공한다.

'이슈'를 '사람의 이야기'로 풀어 메시지를 전달하는 이야기 방식에서 중요한 포인트는 친숙하고 일반적인 사례를 활용해야 한다는 것이다. 또한 어려운 단어나 유려한 문장보다는 알아듣기 쉽게 독자나 소비자의 언어를 사용하는 것이 좋다.

인터넷은 이런 토픽을 좋아한다

블로그나 인터넷카페, 미니홈피 등 1인 미디어는 당신의 이야기 바이러스를 위한 최적의 서식지다. 당신은 그저 이야기를 올려놓기만 하면 된다. 당신이 잠든 사이에도 네티즌들은 다양한 경로를 통해 당신의 이야기에 접근하고 당신의 이야기를 퍼간다. 민들레홀씨처럼 다른 이의 1인 미디어에 퍼뜨려진 당신의 이야기는 거기서 또 다른 곳으로 사정없이 퍼진다. 단, 인터넷이 좋아하는 토픽의 요건을 충족하는 한에서다.

의미 있지만 재미없거나, 흥미롭지만 무의미한 토픽은 인기가 없다. 재미와 의미가 하나로 빚어져 당의정처럼 알록달록하고 달착지근할 때 당신의 토픽은 여기저기로 실려간다. 여기에 분량이 짧으면서 메시지가 분명할 때, 클릭하지 않을 수 없는 제목으로 포장되어 있을 때, 당신의 이야기는 오랜 가뭄 끝의 마른 산에 불길 번지듯 번져 나간다.

제목에도 이야기를 담아라

박완서 작가의 단편소설 중에 「매운 바람 부는 날」이 있다. 현진건의 「운수좋은 날」처럼 제목만으로 호기심을 한껏 자극한다. 대체 어떤 날이 '바람 부는 날'도 아니고 '매운 바람'이 부는 날일까? 대하소설 같은 길고 방대한 이야기나 열댓 줄의 블로그 글이나 석 줄의 이메일이나 모두 제목에는 이야기를 담아야 한다. 단 제목의 조건은 '이야기를 암시'하기다. 이야기를 암시하되 내게 득이 되는 이야기, 읽으면 재미있을 것 같은 이야기, 뭔가 진기명기한 것을 알게 될 것 같은 이야기를 암시하는 제목이어야 한다. 그때 이야기 소비자는 구체적인 것을 알고 싶어 이야기를 읽는다.

블로그를 통해 내 이야기를 퍼뜨리는 재미에 사는 나는 글을 올릴 때마다 제목을 테스트한다. 가령 카이스트에 출강하며 느낀 것을 쓴 이야기에 다음과 같이 다양하게 제목을 붙여보았다.

카이스트는 다르다

카이스트가 뛰어난 이유

카이스트는 이렇게 다르다

결국 이 이야기는 '남다른 카이스트'라는 제목이 당첨되어 게시했는데, 제목 덕분인지 조회 수가 많았다. 내가 의도한 메시지는 '카이스트가 뛰어나다'는 게 아니었다. 카이스트는 전국의 과학수재들만 모여 공부하는 곳이므로 뛰어나다는 전제는 당연하다. 그러므로 당연한 것을 이야기해서는 화제가 될 수 없다. 내 의도는 카이스트가 뛰어날 수밖에 없는 이유를 이야기 속에 담으려는 것이었다. 의도한 대로 네티즌들은 그 이야기의 속내를 궁금해했다.

〈아내의 유혹〉은 '막장드라마'라는 신조어를 만들어내며 시청률 상한가를 기록한 드라마다. '아내'와 '유혹'은 함께 어울릴 수 없는 단어다. 대체 어떤 이야기이기에 이런 제목을 붙일 수 있을까 싶을 만큼 제목 붙이기에 성공한 경우다.

이 책의 말미에 당신의 이야기를 토픽으로 재구성하는 101가지 주제를 제시했다. 당신의 이야기를 담아낼 제목을 붙여 블로그나 미니홈피, 인터넷카페 등 개인미디어는 물론 회사의 인트라넷 게시판이나 동호회 게시판, 칼럼 등으로 활용하기 바란다.223p

수많은 사람들이 주목하는
이야기의 규칙 7가지

철학자 니체는 해마다 이야기를 썼다
지만, 우물쭈물하다간 평생 단 한 번 쓰기
도 힘든 것이 자신만의 이야기다. '이야기
만들 때 꼭 지켜야 할 일곱 가지 규칙'을 지침 삼아 거기에 당신만의
생각을 보태어 글쓰기 규칙을 만들어보자.

> 해마다 책값은 읽은 그 책에
> 대한 인상을 적어놓는 것은
> 사실상 우리의 이야기를
> 쓰는 것이나 다름없다.
> _ 버지니아 울프

1. 주도적으로 써라.
2. 펜 끝에 진정성을 묻혀 써라.
3. 증명하지 말고 당신의 이야기만 써라.
4. 기왕이면 재미있게 써라.
5. 독자를 염두에 두고 써라.
6. 출판보다 보전에 신경써라.
7. 지금 써라.

1. 주도적으로 써라

미국의 대통령이 되겠다는 힐러리 클린턴의 야심은 민주당후보 경선에 실패함으로써 꺾여버렸다. 힐러리는 남편의 '지퍼게이트'조차도 그 야심을 위해 제쳐버렸던 여걸이다. 대통령이 되겠다는 생각에 그 어떤 치욕도 견뎠다는 것이 그녀에 대한 세간의 인식이다.

실패조차 그녀에겐 귀한 거름이 됐을 테지만, 나는 그녀가 이제 쉼표를 좀 찍었으면 하고 바랐다. 이제 차분히 앉아 자신의 생애를 돌아보며 자신의 이야기라도 쓴다면 후반 인생을 향해 나아가는 그녀에게 아주 유용한 에너지가 될 것이라 생각했다. 물론 그녀는 이미 자신의 이야기를 썼고, 그 책 『살아 있는 역사』는 전 세계적으로 아주 잘 팔려 그녀의 이미지를 추어올리는 데 크게 기여했다. 그러니 자신의 이야기를 또 써야 할 이유가 없을지도 모르지만, 이참에 '대통령이 될 만한 여자'였음을 증명하는 외적인 동기 없이, 담담하게 지나온 길을 돌아보고 자신의 이야기를 쓰며 심호흡 한번 크게 하라고 권하고 싶다. 다만, 주도적으로.

이야기는 주도적으로 써야 한다. 당연한 얘기지만 이렇게 강조하는 것은 당신의 이야기를 쓸 때는 그 어떤 외적인 이유나 동기 없이 이야기 쓰기를 선택하고 그것에 몰입하라는 것이다. 쉼 없이 달려온 삶에 잠시 쉼표를 찍으며 잠시 돌아보겠다는 생각으로 이야기를 시작하자. 다른 이유에 휘둘리지 말라고 당부하고 싶다. 다른 사람이 하는 것이 보기 좋아서, 같이 했으면 하고 바라는 사람의 청을 거절하지 못해서, 이야기를 써 여봐란 듯이 지난 생애를 자랑하고 싶어서 등과 같은 이유로는 쓰지 말라는 얘기다.

이야기를 쓰겠다고 스스로를 유혹하고 이야기를 쓰는 동안 함께 하지 못할 가족이나 친구들에게 이해를 구한 다음 설레는 마음으로 차분하게 준비하고 쓰기 시작하자.

당신에게 가장 적합한 방법도 찾아야 한다. 노트에 쓰는 것이 좋은지, 블로그에 쓰는 것이 편한지, 사진을 정리하여 비주얼북으로 남기는 것이 좋은지, 책으로 출간할 것인지, 소량 인쇄하여 족보와 함께 전할 것인지, 파일로 전수할 것인지, 홈페이지에 보관할 것인지……. 당신의 재능과 환경에 맞는 방법을 찾아라.

'쓰기'가 못내 부담스럽다면 녹음이나 대필을 해도 괜찮다. 랜디 포시 교수는 '불가피한 환경에서 남은 가족에게 전하고 싶은 메시지가 있어' 이야기를 썼다. 그의 유작 『마지막 강의』는 가족들과 함께해도 부족할 남은 시간 가운데 하루 한 시간을 할애하여 그를 잘 아는 저널리스트와 나눈 대화 내용을 담은 책이다.

2. 펜 끝에 진정성을 묻혀 써라

드라마 〈식객〉 초반부에 나왔던 대령숙수의 한마디가 아직도 생생하다. "잘해보려 하지 마라. 잘해보려는 마음이 오히려 화근이다. 그것이 욕심이다. 그냥 아무 생각 없이 다 버리고 그저 요리하는 데나 집중해라."

과하게 탐하는 것만이 욕심이 아니라 잘해보려는 마음조차 욕심이며 화근이라는 뜻이다. 잘해보려는 마음이야말로 어떤 수고도 마다하지 않는 프로의 근성일 텐데 그것이 잘못이라니……. 나는 몇날 며칠 이 대사를 마음에 품고 있다가 결국 이해했다. 욕심이든 아니든 하나의 생각이 가슴에 얹혀 있으면 그 생각이 자꾸 행동을 가로막는다. 요리뿐이겠는가. 이야기 쓰기도 그렇다. 보란 듯이 근사하게 완성하여 자랑하겠다는 마음이 앞서면 이야기를 쓰기보다 보이는 데 집착한다. 집착하다보면 쓸 것은 안 쓰고 안 쓸 것은 쓰게 되는 법이다. 칼질할 때 잘 썰어야지 하다가 손을 벤 경험이 있다. 이야기를 쓸 때도 생각을 비우고 그저 집중해야 한다. 그렇게 몰입하고 나면 이야기 쓰기가 그 자체로 완성된 작업이라고 한 내 말을 실감하게 될 것이다.

3. 증명하지 말고 당신을 표현하라

우리는 남의 이야기를 하는 데 하도 익숙해진 나머지 자신의 이야기를 하려면 무척 힘들어한다. 내 생각도 다른 사람이 어떻게 생각하는지에 따라 유효하거나 그렇지 않다. 내 생각, 내 느낌, 내 이야기에 관심을 가지기보다 다른 사람들의 그것에 더 많은 주의를 기울인다.

하지만 당신의 이야기를 쓰는 동안에는 달라야 한다. 당신의 목소리로 이야기를 들려주어야 한다. 다른 사람의 목소리로 다른 사람의 말을 통해 당신을 이야기하려 들지 마라. 당신이 옳다고 생각하면 옳은 것이고 싫으면 싫은 것이다. 당신의 삶을 재는 잣대는 오직 당신만이 쥐고 있다. 그러니 이것저것 다 끌어다 당신의 생각을 증명하려 들지 마라. 당신의 이야기를 읽는 독자도 당신의 목소리, 당신의 이야기를 좋아할 것이다. 당신의 이야기에서 다른 사람의 지문만 잔뜩 묻어난다면 그것을 당신의 이야기라 할 수 있을까? 이야기를 쓰는 동안 당신에게만 집중하라.

단지 당신의 이야기를 써라. 당신을 증명하기 위해 다른 사람의 말을 갖다붙이거나 미사여구로 포장하거나 다른 사람을 꿰다붙이거나 성공담을 나열하지 말라는 것이다.

당신의 이야기는 많은 사람이 공유해야 마땅한 성공담일 수도 있다. 하지만 당신이 어떤 성공을 했는가를 페이지마다 잔뜩 써놓는다면 독자는 성공학 개론을 읽는 기분일 것이다. 성취의 순간이 주던 짜릿함을 죽는 날까지 잊어버리고 싶지 않은 마음은 충분히 이해한다. 하지만 당신의 이야기는 그렇게 쓰는 것이 아니다.

차라리 당신의 이야기에는 그만한 성공에 이르기까지 어떤 생각과 자세로 얼마나 애썼고 힘들었으며 그것을 위해 무엇을 희생했는가를 씀으로써 독자들이 당신의 성공에 대해 바르게 이해하도록 도와야 한다.

다시 강조하건대, 이야기는 꼭 당신의 목소리로 써야 한다. 당신이 얼마나 능력 있는지, 당신이 얼마나 유식한지 자랑하기 위해 이 세상 모든 지식을 끌어다 포장하고 비유하는 백과사전을 만들지 마라.

4. 재미있게 써라

자서전쓰기와 읽기가 보편화된 미국에서는 흥행을 위해 그동안 알려지지 않은 개인사의 단면을 자서전에 공개하고 출간되기 전부터 대대적으로 홍보한다.《플레이보이》의 헤프너 회장이 쓴 자서전도 출간되기 한참 전부터 호사가들의 입에 오르내렸다. 자서전에는 충격적인 섹스 편력을 담아 독자들의 호기심을 잔뜩 자극했다. 헤프너 회장은 그런 궁금증에 화답하듯 은밀한 사생활을 자서전에 잔뜩 쏟아냈다고 한다.

비록 헤프너 회장처럼 대중이 경악할 비밀스런 사생활은 아닐지라도 기왕이면 독자가 재미있게 접하도록 쓰자. 이야기를 통해 전하고 싶은 교훈이나 이야기 쓰기의 의미에만 매달리지 말고 읽는 재미도 주자는 뜻이다.

당신의 삶에 대해 웬만한 것은 다 알고 있는 주위의 독자들조차 깜짝 놀랄 만한 뉴스를 이야기에 담으려면 당신의 기억저장고를 알뜰하게 뒤져내야 한다. 또 실제로 있었던 일과 실재한 일이라 생각하는 것을 구분해야 한다. 사람은 누구나 한두 번 그랬다고 말하거나 믿고 싶은 것을 그대로 믿어버리는 본능이 있기 때문이다. 가령 일본의 일부 세력들이 침략전쟁을 부인하고 독일인들이 전쟁이 끝난 후 나치 당원이었음을 잊어버리는 것들이 바로 그런 본능 때문이다. 영국 작가 마크 트웨인도 이야기를 쓰면서 "나에게 일어났던 일과 나에게 일어났었다고 상상하는 일을 구분하는 것이 불가능하다"고 그 어려움을 토로했을 정도다.

과거는 우리의 기억 속에서만, 또 기억이 지시하는 대상으로만 존재한다고 한다. 기억에 금세 떠오르는 사실만 발굴하고 이야기에 쓸 게 아니라 그 당시 감정이나 상황, 생각 등이 정확히 어땠는지 기억을 되살리려고 노력해야 한다. 뿐만 아니라 죽는 날까지 감쪽같이 덮어둘 수 있으리라 생각했던 '진짜 사실'들도 들춰보라. 싫든 좋든 당신은 당신이 살아온 순간순간의 결과이고 잘못된 결정과 생각으로 점철된 시간조차 당신을 있게 한 에너지였음을 인정해야 한다. 그리고 용기있게 그것들을 끄집어내어 생명을 불어넣어주라. 그러면 그것은 독자들의 환호성으로 당신에게 보답할 것이다.

기억을 알뜰히 되살리되 그 창고에 코를 빠뜨리는 고난을 자청하지는 마라. 하나하나의 기억을 되살리고 의미를 부여하고 실재한 것인지 아닌지를 파악하느라 변론을 준비하는 변호사 군단처럼 고생하지는 말라는 것이다. 그렇게 작업하다간 이야기 쓰기가 전에 없는 고역이 될 것이며 그렇게 작성된 이야기는 읽는 이에게도 고역이다.

마크 트웨인이 마음먹은 것처럼 그는 "삶의 한가운데에 있는 일 혹은 단지 몇 개월 전에 발생했던 일에 대한 생각" 혹은 "삶의 특정한 시점에서 시작하는 게 아니라 자유의지가 이끄는 대로 인생 전체를 방랑하는 방법"으로 쓰면 된다. 또 "순간순간 자신에게 흥미로운 것에 대해 말하고 흥미가 희미해지는 순간 얘기를 멈추고 그때 마음속으로 밀고 들어오는 새롭고 좀 더 흥미진진한 일로 말머리를 돌리"는 방법으로 쓰면 된다.[33]

5.독자를 염두에 두고 써라

당신이 쓰는 이야기는 책으로 출간될 경우, 단 한 명도 독자가 없을 수도 있고 수만 명이 읽는 베스트셀러가 될 수도 있다. 아니, 책으로 출간되지 못할 수도 있다. 출간 여부를 막론하고 독자를 위한 배려를 아끼지 않아야 한다. 당신의 이야기를 필독서로 여기고 읽어줄 최소한의 독자들인 가족과 후손들을 배려하라는 얘기다. 여러 사람이 얽혀 있는 에피소드를 쓸 때는 이해당사자 간에 오해가 없도록 해야 한다. 이혼이나 사별 등으로 지금은 함께 있지 않은 사람에 대해 쓸 때도 예의를 다해야 한다. 이혼한 전 배우자의 경우, 프라이버시를 존중해야만 뒤탈이 없다. 실제의 지명이나 이름 등을 밝힐 때도 이해당

사자에게 누가 되지 않도록 신중해야 한다.

무엇보다 '지식의 저주'를 경계하라. 당신이 잘 아는 내용이라 하여 당신 이외의 다른 사람도 모두 잘 알 수는 없다. 특수한 일을 했거나 전문직에 종사했던 경험을 쓸 때는 보통사람들이 이해할 수 있는 어휘와 의미로 변환해야 한다. 통계수치나 일반적인 수치를 쓸 때는 현재와의 비교를 위해 그 기준을 설명해주라. 이러한 이유로 대부분의 이야기는 '그때 학비가 3만 원이었는데, 당시 쌀 한 가마니가 2천 원이었다'는 식으로 쓴다.

6. 꾸밈없이 써라

1억 원의 고료가 걸린 조선일보 논픽션 2009년의 대상은 영화배우 김진규 씨의 아내 김보애 씨가 탔다. 제목은 〈내 운명의 별 김진규〉. 최종심에 올라온 작품들 간에 경쟁이 치열했으나 김보애 씨가 대상을 타게 된 결정적 계기는 '솔직함'이었다. 심사평을 들어보자.

> 결혼에서 이혼까지, 그리고 이혼에서 병자로 다시 돌아온 남편의 죽음까지, 그녀는 운명의 칼바람을 맞으면서도 여전히 씩씩하고 쌈박한 여자였다. 그 작품의 힘은 한 시대를 풍미했던 배우의 뒷담화가 아니었다. 심사위원 모두가 놀란 것이기도 하지만 그 힘은 바로 정직성이었다. 어떻게 저렇게 솔직하게 쓸 수 있을까. 뭔가 지키고 싶은 유명인일수록 정직해지기가 더 어려운 법인데.

대학을 졸업하고 지역신문기자로 출발한 데이비드 카는 동시에 코카인을 파는 마약중독자였다. 누가 봐도 그의 삶은 뻔했다. 일찌감치 재능을 인정받은 기자로 탁월한 능력을 발휘함에도 불구하고 주위에서는 그가 마약중독자로 생을 끝낼 것이라고 했다. 그를 구원한 것은 미숙아로 태어난 쌍둥이 딸이었다.

두 딸들에게서 어떤 모성애 같은 감정을 느끼며 '아빠'는 부활했다. 왕년의 필력은 《뉴욕타임스》에서 비싸게 샀다. 그는 자서전을 썼다. 『The Night of the Gun』이라는 제목의 이야기가 출간될 때가 되자 그는 슬슬 걱정이 되었다고 한다. 방탕하기 이를 데 없는 과거를 있는 그대로 쓴 자신의 책을 읽고 《뉴욕타임스》의 최고결정권자는 어떻게 생각할까? NYT의 망신이라며 잘리지 않을까? 정작 NYT 편집인 빌 켈러는 시큰둥하게 말했다. "우리가 수녀를 뽑은 줄 아쇼?"

일본 작가 아쿠타가와 류스노케는 "나는 불행히도 안다. 거짓말에 의지해 이야기할 수밖에 없는 진실도 있음을"이라고 한탄했다. 피카소는 "예술은 진실을 드러내는 거짓"이라고 했다. 이야기를 쓰다보면 누구나 벽에 부딪치는 순간이 있다. '정말이지 얼마나 솔직하게 써야 하는 것일까? 그렇게까지 써야 하는 것일까?' 고민하는 바로 그 순간이다. 그럼에도 불구하고 기왕 쓸 거라면 꾸밈없이 써라.

포크송 가수 밥 딜런의 『바람만이 아는 대답』은 꾸밈없이 솔직한 자서전의 표본이라고 칭송받는다. 아닌 게 아니라 이 책을 읽으면 더 중요하고 덜 중요하며 드러낼 것과 감출 것에 대한 구분이 없다. 저자의 말마따나 그냥 하나의 경험이고 저자는 담담하게 하나하나의 경험을 이야기할 뿐이다. 로버트 짐머만이라는 본명 대신 밥 딜런이라는 예명으로 바꾼 사연, 뉴욕에서 만난 애인 수즈의 어머니에게 냉대를 받은 사연, 시대의 부름을 외면하지 말라고 몰려드는 반전 시위대와 히피들로부터 가족을 지키기 위해 총까지 준비한 이야기 등 갖은 사연과 에피소드로 가득하지만 보기 좋게 꾸미려 애쓴 흔적은 발견할 수 없다. 그래서 세상은 그의 자서전을 두고 "셰익스피어의 잃어버린 일기장을 발견한 것"이라는 칭찬을 아끼지 않는가 보다.

당신의 이야기를 쓸 때 얼마나 솔직하게 쓸 수 있을까? 가끔 이런 질문을 받을 때마다 사실 막막하다. 정말로 얼마나 솔직해야 하나? 기억나는 대로 하나도 빼놓지 않고 다 써야 하나? 당신이 얼마나 솔직하게 썼는지, 있었던 사실만 썼는지를 아는 사람은 당신뿐이다. 일부러 빼거나 더하거나 하지 않고 그 어떤 의도에 매몰되어 왜곡되지 않는다면 그것이야말로 잘 쓴 이야기가 아닐까?

앞에서 방송인 오프라 윈프리가 자서전을 쓰다 만 이야기를 했다. 항간에서는 "집필이 끝난 자서전이 너무 불완전하다는 판단 때문에, 스스로 이보다 더 잘 쓸 수는 없다는 생각이 들 만큼 완벽하지 못하다는 이유로"[34] 이야기가 빛을 보지 못했다고 추론한다. 당시《뉴욕 데일리》라는 신문은 그녀의 자서전이 너무나 개인적인 이야기인 데다 성적인 표현이 생생하게 묘사되어 약혼자 스테드먼 그래엄이 출간을 반대했다고 보도하기도 했다. 나는 좀 다르게 생각한다. 어쩌면 오프라는 덜 솔직했기 때문에 그 정도로 에둘러 쓰려면 안 쓰는 게 낫다고 생각해 출간을 취소하지 않았을까 하는 것이다.

솔직할 수 없음은 남을 의식하기 때문이다. 남들에게 어떻게 비쳐질까 두려워서다. 한마디로 있는 그대로의 자기 자신이 미덥지 않은 것이다. 하지만 당신이 이야기를 쓰기로 결심한 배경은 그동안 잘 해왔고 완벽하며 완성했기에 자랑삼아 해보겠다는 것은 아니었다. 싫든 좋든, 잘해왔든 아니든 계속 될 수밖에 없는 삶의 여정을 더욱 잘 꾸리기 위해 우선 멈춤하는 데 목적을 두고 시작한 일이다.

순례자들이 지금껏 성취한 것을 놓아버리고 떠나는 연습을 반복하듯 우리 역시 원래 의도되었던 본래의 모습으로 살기 위해 이야기를 쓰기로 결심한 것이 아니었는가. 미국의 아이돌스타 발레리는 『삶에서 버린 것과 얻은 것』이라는 이야기와 〈오프라윈프리쇼〉에 출연하여 다른 '여자'와의 외도까지도 속속들이 까발렸다. 왜냐하면 마음의 짐을 벗는 것이 더 중요했기 때문이라고 했다.

우리나라 정치인들은 군자는 입이 무거워야 한다는 유교사상에 젖어서인지 자신에게 불리한 것은 무덤까지 가지고 가는 의리를 보이지만, 외국에서는 스스로에게 침을 뱉는 수치스러운 과거조차 이야기나 고백록을 통해 스스로 공개한다. 헬무트 콜 전 독일 총리나 프랑수아 미테랑 전 프랑스 대통령은 물론 빌 클린턴 전 미국 대통령도 숨기고 싶은 가정사에서 은밀한 성 스캔들까지 다 털어놓았다.

당신은 단지 당신이 말하고 싶은 것을 쓰면 된다. 다른 사람을 배려하되, 그들 때문에 당신의 행동을 제한하지는 마라. 사실 다른 사람은 당신에게 그리 관심이 없다. 당신이 '진실'을 쓴다면 읽는 이들도 진실이라 생각할 것이다. 다른 이의 허락이나 평가는 필요 없다. 키리카후아 추장 코키스의 충고대로 "햇살처럼 구부러짐없이 써라." 그래야 읽는 이의 가슴을 울릴 수 있다.

7. 지금 당장 시작하라

워런 버핏이 지금은 MS에서 은퇴한 빌 게이츠 전 회장과 함께 워싱턴대학 비즈니스 스쿨에서 미래의 CEO들에게 성공과 미래, 인생에 대한 대담을 들려주었다. 벌써 10년 전의 일이다. 이 둘은 이 시대 누구나 부러워하는 성공한 사람이자 영웅이다.

한 학생이 물었다. 어떻게 하면 당신들처럼 성공할 수 있을까요? 워런 버핏 회장의 대답이 인상적이다. "당신이 하고 싶은 것을 지금 해라." 그는 "우선은 다른 것을 하고 나중에 내가 원하는 것을 하겠다는 것은 나중을 위해 지금 당장 할 수 있는 섹스를 미루겠다는 거나 다름없다"는 비유로 좌중을 웃겼다. 나는 이 비유가 참으로 지당하다고 생각했다.

당신의 이야기도 지금 써야 한다. 나중의 그때를 위해 미뤄둬서는 안 되는 일이다. 나중의 어느 때란 사실 존재하지 않는 시간이다. 시간이 나면? 나중에는 시간이 난다는 보장도 없다. 존재하는 유일한 시간은 지금 현재뿐이다. 지금 당장 시작하자. 당신이 하겠다고 마음먹는 순간, 당신을 주저하게 만들었던 모든 장애가 해결되기 시작한다. 당신도 시작하는 일만 남았다.

공작은 암컷을 유혹할 때 꼬리 깃털을 활짝 편다고 한다. 이때 공작은 항문이 드러나는 수치를 감당해야 한다. 그 어떤 거리낌도 갖지 말고 당신의 이야기를 써라.

당신의 이야기를
세상에 선보이는 법

반 고흐, 렘브란트가 평생 동안 수도 없이 자화상을 그렸듯이 『톰 소여의 모험』을 쓴 작가 마크 트웨인도 사는 내내 자신의 이야기, 자서전을 썼다. 그는 30대 후반부터 자신의 이야기를 한 토막씩 쓰기 시작했고 마흔두 살이던 1877년 본격적으로 자서전 집필에 들어갔다. 특이한 것은 틈나는 대로 원고를 써 방대한 분량이 될 때까지도 자서전을 출간하지 않았다는 점이다. 대신 그는 죽은 다음에 출간하겠다고 고집했다. 그 이유가 자서전 서문에 나와 있다.

살아 있는 혀가 아닌 무덤에서 말하는 쪽을 택한 데에는 분명한 이유가 있다. 무덤에서라야 자유롭게 말할 수 있을 테니까.

결국 그가 쓴 방대한 이야기는 그가 죽은 뒤 매번 다른 이의 손을 통해 세 번씩이나 출간되었다. 그는 자신의 이야기를 다룬 자서전이 여느 자서전의 교과서가 되기를 희망했다고도 한다. 헤밍웨이가 "현대 미국 문학이 『허클베리 핀의 모험』이라는 책 한 권에서 비롯되었다"고 말할 정도로 마크 트웨인은 뛰어난 작가이며 문장가다. 그럼에도 불구하고 생전에 자서전이 출간되는 것을 두려워했다. 당신은 어떤가? 당신의 모든 생애가 고스란히 담긴 이야기를 책으로 출간하여 서점에서 다른 이들에게 읽히는 경험을 기꺼이 선택하겠는가?

누군가에게 보여주기 위해 이야기를 쓴다면 '자유롭게' 쓰기란 애당초 불가능할는지도 모른다. 누구에게나 기억하고 싶은 대로만 기억하고 좋은 모습으로만 비쳐지고 싶은 본능이 있다. 이 본능은 이야기를 쓸 때 특히 두드러진다. 그러니 자유롭게 쓰기란 애당초 불가능한지도 모르겠다. 하지만 포장되고 위장된 이야기는 독자들의 공감대를 확보할 수 없다. 사실도 아니며 창작도 아닌, 사실에 바탕을 둔 창작도 아닌, 이도 저도 아닌 이야기가 어떻게 공감을 얻을 수 있겠는가?

이야기를 공개하는 것은 벗은 몸을 공개하는 것과도 같다고 한다. 알몸으로 세상에 나선다는 비유는 얼마나 끔찍한가. 오죽하면 마크 트웨인 같은 대작가도 죽은 뒤에나 이야기를 출간하라고 못 박았을까. 어떤 사실도 잘잘못을 떠나 단지 경험한 사실로서만 인정하고 공개할 수 있을 때, 그제야 비로소 이야기를 쓰고 읽는 의미가 살아 있을 것이다.

세상은 넓고 미디어는 많다

아무튼 이야기를 공개하겠다는 결심이 섰다면 어떤 방법이 좋을까? 앞에서도 여러 차례 이야기 쓰기는 결과보다 과정이 훨씬 더 중요하다는 것을 다양한 이유를 들어 설명했다. 이쯤에서 이 주장을 되새긴다면 굳이 종이책 출판을 고집하지 않으리라 생각한다. 이미 이야기 콘텐츠를 확보한 것만으로 이야기 쓰기의 목적을 달성했을 테니까. 시중에는 당신의 이야기를 세상에 선보이는 수많은 방법이 있다.

• 상업출판: 일반적으로 '나의 이야기=자서전=출판'이라는 고정관념을 가지고 있다. 지난 삶을 추슬러 이야기를 쓴다고 하면 책으로 출간하여 서점을 통해 유통시키고, 가족과 친지, 친구, 동료들에게 그 책을 선물하는 것은 참으로 그럴듯해 보인다. 유명인들에겐 그들의 이야기를 출간하겠다며 출판사들이 다투어 달려들지만 출판사의 관심권 밖에 있는 보통사람들이 종이책으로 자신의 이야기를 가지려면 참으로 어렵다.

출판사가 제작과 유통, 마케팅을 책임지고 저자가 콘텐츠를 책임지는 상업출판을 하려면 출판사로부터 간택을 받아야 한다. 출판관계자 누가 봐도 잘 팔리겠다 싶은 아이템이 아니면 상업출판의 심사대를 통과하기 쉽지 않다. 출판사마다 엄정한 기획심사 시스템이 있어 이 과정을 통과해야 상업출판의 길이 열린다.

비록 출판될 확률이 그다지 높지는 않지만 출판되기만 하면 언론이 주목하고 웹 상에 퍼뜨려지는 건 시간문제다. 언론은 검증된 이슈를 찾느라 혈안이 되어 있는데, 출판되었다는 것은 '검증'되었다는 증거이기 때문이다. 상업출판에 도전하려면 이야기를 다 쓴 다음 일일이 출판사의 문을 두드리는 것이 유일한 방법이다. 혹은 블로그 등에 이야기를 나눠 올리거나 연재를 한다면 눈 밝은 기획자들이 당신의 이야기를 책으로 내자고 노크하는 행운이 생기기도 한다.

• 자비출판: 그럼에도 불구하고 당신의 이야기를 군이 종이책으로 출판하겠다면 자비출판을 권한다. 자비출판은 출판에 드는 비용을 100퍼센트 저자가 부담하는 방법과 저자와 출판사가 비용을 분담하는 방법이 있다.

비용 전액을 저자가 부담하는 자비출판의 경우, 출판은 매우 쉬워진다. 많든 적든 비용만 준비하면 되니까. 출판 비용을 출판사와 저자가 공동으로 부담하는 방법은 출판사의 심사를 통과해야 한다는 전제조건이 있다. 출판사에서 나름의 심사과정을 거쳐 가능성이 예상될 때 책을 출간한다.

• 주문형 맞춤인쇄(POD): 디지털 인쇄기술의 발달로 단 한 권의 책도 주문자가 원하는 대로 출간할 수 있다. POD(POD : print on demand)라 부르는 주문형 맞춤인쇄를 활용하면 원하는 대로 구미에 맞는 이야기를 가질 수 있어 다른 방법에 비해 매우 편리하다. 주문자는 인터넷으로 디지털 파일을 서비스 업체에 전송하기만 하면 주문이 완료된다. 출판사나 인쇄소를 이용하지 않고도 컴퓨터에서 작업한 이야기파일을 책으로 가질 수 있다.

특히 인쇄와 동시에 표지에 코팅을 입히거나 제목을 올록볼록하게 하는 엠보싱처리 등 특수한 과정까지도 한 번 요청으로 가능하다. 얼마든지 호화롭거나 저렴하게 할 수 있고, 얼마든지 독특하거나 평범하게 만들 수 있다. 물론 결과에 대한 책임도 100퍼센트 주문자의 것이다.

이 방법을 이용하려면 완성된 이야기를 미리 그려보고 꼼꼼하게 주문해야 한다. 책의 디자인, 사용할 종이, 색상 지정까지도 주문자가 알아서 결정해야 하기 때문에 세심하게 신경써야 할 부분이 많다. 최근에는 한국후지제록스, 신도리코 같은 큰 기업에서도 디지털 인쇄 서비스를 제공하고 있어 이용이 더욱 편리해졌다.

'소다프린트 씨앤지' '일일디지털인쇄' 등 디지털 인쇄 대행 사이트를 이용하면 권당 1만 5,000~2만 원짜리 자서전을 가질 수 있다. 권당 비용으로 따지면 비싼 감이 있지만, 원하는 수량만큼 인쇄하여 가질 수 있으므로, 150만 원 들여 권당 15,000원 짜리의 맞춤인쇄로 100부만 만들어 소장하고 나눠가질 수 있다면 그리 비싼 가격도 아니지 않을까?

• 전자책 출간: 갈수록 책을 읽지 않아 판매가 떨어진다는 출판사의 아우성은 지하철을 타면 금방 확인할 수 있다. 책을 읽는 사람보다 핸드폰이나 PMP, MP3, P2P 같은 휴대용 콘텐츠 프로바이더로 모니터를 보는 사람들이 훨씬 많다. 종이책을 가지고 다니며 읽기보다 이러한 미디어를 통해 전자책 콘텐츠나 디지털 콘텐츠를 다운받아 읽는 사람이 급속도로 늘고 있다.

당신도 전자책이나 유사한 방법의 디지털 미디어를 통해 당신의 콘텐츠를 보급할 수 있다. 전자책을 판매하는 곳이나 전자책 디바이더를 공급하는 업체들은 종이책을 디지털화한 콘텐츠가 아니라 애초부터 전자책으로 제작되는 콘텐츠에 크게 목말라 있다. 게다가 미국 인터넷서점 아마존에서 출시한 전자책 단말기 킨들이나 소니의 리더 505가 기대 이상의 호조를 보이고 있어 이들 단말기 마케팅정책에 의해서라도 전자책 콘텐츠 수요가 더욱 증가할 것이다. 특히 시장의 규모가 너무 작아 종이책으로는 수익을 기대하기 힘든 분야의 책, 이야기와 같은 콘텐츠는 전자책으로 출판하는 일이 아주 많을 듯하다.

지금이라도 당신의 이야기 콘텐츠를 전자책으로 만들어가지려면 몇몇 전자책 제작업체나 단말기 공급업체의 서비스를 활용하자. 자비출판 전문업체인 에세이사(www.essay.co.kr)는 자비출판을 겸한 전자책 출간을 대행하고 있어 이야기 콘텐츠를 활용하는 방법에 대해 자상한 가이드를 해준다.

• 인터넷 퍼블리싱: 국내 최대의 포털사이트 네이버는 오픈캐스트(open cast)란 이름으로 '누구나 네이버 홈페이지 초기화면에서 자신이 에디팅한 정보를 퍼블리싱할 수 있도록 하는 개방형 정보 플랫폼 서비스'를 시작했다. 이 뉴스를 접하며 '퍼블리싱'이라는 단어에 눈이 반짝거렸다. 지금껏 우리는 '출판'이라는 말로 '퍼블리싱'을 번역했고, '출판=종이책'이라는 한정된 개념을 가지고 있었다. 그런데 온라인 미디어의 상징인 네이버에서 '퍼블리싱'이라는 단어를 적극적으로 사용하면서 이제 퍼블리싱에 대한 개념도 본격적으로 무한대로 확장될 것이라 기대되기 때문이다.

퍼블리싱의 개념은 이미 인터넷상에서 화려하게 발진했다. 인터넷이 대중에게 오픈된 그날부터의 일이다. 많은 이들이 블로그를 하고 '싸이'를 하고 인터넷카페를 운영한다. 이 모든 것이 인터넷 퍼블리싱이다. 인터넷이라는 미디어도 원래는 과학자들이 연구결과를 공유하기 위해 개발된 일종의 출판 도구다. '홈페이지'라는 단어가 그것을 증명한다. 그러므로 블로그가 됐든 미니홈피가 됐든 홈페이지가 됐든 이메일이 됐든 공개된 인터넷상에서 쓰고 그리고 음악을 붙이고 하는 모든 행위가 퍼블리싱이다.

기존의 출판 기술에 대해 아는 게 없어도 출판을 위해 들일 돈이 없어도 출판할 자료가 없어도 포털사이트에 로그인하고 들어가 페이지를 열어 쓰기만 하면 되는, 더없이 쉽고 재미있는 것이 인터넷상의 퍼블리싱이다.

정리하자면 인터넷 퍼블리싱이란 인터넷상에서 콘텐츠를 기획하고 개발하고 편집하여 공개하는 행위다. 종이책에 출판 개념을 한정하는 출판사와 저자들의 인터넷 활용술도 아니고 나중에 종이책 출간을 위한 사전 모의도 아니다 (물론, 종이책 출판사들이 수많은 조회수를 기록하는 콘텐츠를 종이책으로 출판하겠다는 유혹은 끊이지 않겠지만). 또 종이책을 출판하는 모든 과정을 디지털과 전산시스템으로 한다는 개념은 더더구나 아니다. '전자책'이라는 개념 또한 아니다.

인터넷 퍼블리싱은 그 자체로 완성된 커뮤니케이션 개념이다. 비용은 제로에 가깝고 커뮤니케이션 효과는 무한대이며 인터넷상에서 콘텐츠를 통해 소통하는 그 자체로 완성된 개념이다.

인터넷 전자계약회사의 부사장으로 일하다 퇴직한 도널드 J. 폴

레프카는 지금 인터넷 퍼블리셔다. 부인이 죽고나서 손자를 비롯한 많은 사람들이 부부에 대해 모르는 게 너무 많다는 사실을 깨닫고 웹사이트를 열어 이야기를 썼다. 인터넷 퍼블리싱을 한 것이다. '도널드 할아버지의 세계'라는 이름의 이 웹사이트는 가족의 역사이자 손자들의 성장일지이자 주간신문으로 운영자 자신의 생각과 철학이 담겨 있으며 자신의 삶에 신이 어떻게 역사해왔는지 볼 수 있는 증거자료들이다. 도널드는 일주일이면 몇 시간씩 컴퓨터에 앉아 웹사이트를 업데이트하는 재미로 노후를 보낸다.[35]

드림위즈의 박순백 부사장은 인터넷에서 유명한 퍼블리셔다. 그는 1996년부터 홈페이지를 만들어 퍼블리싱해오고 있다.[36] 그는 홈페이지를 만든 이후로 매일같이 글을 쓴다. 이 책을 위해 박순백 부사장과 이메일 인터뷰를 했는데, 그는 자신의 인터넷 퍼블리싱에 대해 이렇게 이야기한다.

신변잡기로부터 컴퓨터 사용법이나 스키, 인라인 운동 등에 관한 테크니컬 라이팅은 물론, 보다 심각한 논지나 생활철학을 담은 글까지 생각나는 대로, 원하는 대로 마음을 쏟아내고, 복잡한 머릿속을 비워냈습니다.

비록 전 생애는 아니지만 최근 십수년의 개인사가 오롯이 담겨 있으니 그의 홈페이지는 자서전이나 다름없다. 친절하게도 그의 홈페이지에는 태어나서 현재까지 삶의 이력이 노출되어 있고 그가 쓴 책과 글, 그를 인터뷰한 언론기사까지 보관되어 있다. 그는 말한다.

세상의 어떤 출판사가 필자가 원하는 모든 책을 종이책으로 출판해줄 수 있을까요? 특히 대중의 속된 취향에 영합하는 쪽으로, 기획출판이 성행하는 이 시대에 어떻게 안 팔리는 무겁고 진지한 글, 혹은 신변잡기로 오해받아 잘 안 팔리는 수필류의 종이책을 출판해줄까요?

박 부사장은 너도 나도 종이책을 선호하는 풍토에 휘둘리지 않는다. 상업적으로 출간된 책들은 매우 짧은 시간만 존재했다가 사라지거나 읽는 사람이 없어 이미 필자와 독자의 소통이 끊긴 책이므로 존재의 의미가 없다는 소신이 뚜렷해서다. 반면 어떤 글을 인터넷에 올려놓으면, 즉 퍼블리싱하면 그 글은 동시다발적으로 많은 타인들에게 전달된다. 방송의 확산성과 인쇄매체의 지속성을 합한 인터넷 퍼블리싱은 한순간에 전달되고, 문자의 형태로 오래 보존된다. 그것도 문자나 소리뿐 아니라 사진과 동영상을 곁들인 멀티미디어의 형태로, 살아 숨쉬는 정보의 형태로 소통의 한가운데 존재한다는 것이 박 부사장의 지론이다.

그는 종이책으로 출판되기도 힘들거니와 운좋게 출판되어 화제가 되었다 해도 잠깐 서가에 놓였다가 사라지고 독자들의 관심권 밖으로 밀려나기 일쑤인데 그래도 종이책에 연연해하겠는가 묻는다.

인터넷상의 글은 시간과 공간의 제약조차 받지 않고 독자가 소통하게 해줍니다. 행동하는 독자들이 구글(Google)과 같은 막강한 검색도구를 가지고 스스로 검색하여 인터넷의 한쪽에 꽁꽁 숨어 있는 글까지 찾아오기 때문입니다. 하루에 평균 수십만 페이지 뷰(page view)가 나오고, 때로는 120만 페이지 뷰에 달하기도 하는 제 홈페이지를 찾는 독자들을 보면, 저는 예전에 목표했던 종이책 70권 쓰기를 이미 1,000배 이상 초과달성한 것이라 생각합니다.

정치가들은 인터넷 퍼블리싱에 정치목숨을 걸고 있다. 버락 오바마 미국 대통령은 백악관에 입주한 다음에도 자신의 홈페이지를 운영한다. 고 노무현 전 대통령은 홈페이지를 통해 정치를 향한 관심의 끈을 팽팽하게 당기고 있었으며 총선에서 낙선한 몇몇 전직 의원들은 인터넷 퍼블리싱이라는 도구로 정치활동을 계속한다.

나도 '빵굽는 타자기'라는 블로그를 운영한다. 강연이나 미팅을 가면 웹에 떠도는 내 글들을 보았노라 인사를 해오는 이들이 참 많다. 내 블로그를 방문하는 회원들은 내 생각과 일과 행동과 사생활까지도 읽는다. 당신의 이야기를 인터넷으로 퍼블리싱하라.

당신의 이야기를 세상에 선보이는 방법은 당신의 상상력의 범위와 일치한다.

단, 이 과정에서 잊지 말아야 할 것은 어떤 방법으로 이야기를 공개하든 당신의 이야기는 당신이 의도하는 한결같은 메시지를 공유해야 한다는 점이다. 베스트셀러 작가 말콤 글래드웰은 현대인들이 추구해야 할 중요한 변화나 핵심적 사고는 '비선형적·불연속적·폭발적·직관적'으로 일어나거나 전개된다는 메시지를 『티핑포인트』『블링크』『아웃라이어』와 같은 일련의 저서를 통해 일관되게 주장한다.

나는 블로그, 칼럼, 책, 강연, 워크숍을 통해 자신만의 브랜드를 구축하고 표현하라고 권한다. 매체나 글의 성격마다 들추어내는 이야기는 제각각이지만, 내가 줄곧 주장하는 것은 퍼스널브랜드 구축을 위한 급선무는 자신의 책을 갖는 것이며 글쓰기를 훈련하라는 것이다. 당신 또한 당신의 이야기를 통해 어떤 메시지를 드러내고 싶은지 늘 기억하라.

평범한 삶을 명품 인생으로 창조하라

간디 같은 위대한 사람도 다양한 이유로 자신의 이야기 쓰는 일을 망설였다 한다. 자서전 『나의 진리 실험 이야기』를 보면, 그도 여러 차례 이야기 쓰기를 미루다 《나바지반》이라는 잡지에 고정칼럼을 쓰게 되자, 고정칼럼으로 자서전을 연재하자고 마음먹었다. 그러나 이번에는 한 친구가 가로막았다.

무엇 때문에 그런 모험을 할 생각이 들었나. 이야기를 쓴다는 것은 서양 사람들만 하는 짓이다. 동양에서는 서양식의 영향을 받는 사람들을 제외하고는 이야기를 쓴 사람이 없다. 또 쓴다 치자, 뭘 쓸 게 있는가. 생각해보자. 오늘 당신의 주의주장으로 내세운 것을 내일 가서 버리게 될 때, 오늘 당신이 세웠던 계획을 장차 고치게 될 경우에 입으로나 글로나 당신이 한 말씀을 표준으로 삼고 행동해오던 사람들이 방황하지 않겠는가. 이야기 같은 것은 그만두는 게 좋겠다. 적어도 지금은 안 쓰는 게 좋겠다.

이 말을 들은 간디는 친구의 말이 딴은 옳다고 생각했다. 당신도 간디 친구의 말이 일리가 있다고 생각하는가? 그래서 이야기 쓰기를 나중으로 미루는 건가? 하지만 간디는 결국 이야기를 썼고 이야기에 대한 그의 뜻은 이러했다.

나는 다만 수많은 진리실험의 이야기를 해보자는 것뿐이다. 그런데 내 생애는 그러한 실험들만으로 되어 있으니 이야기는 자연히 이야기의 형태를 띠게 될 것임은 사실이다. 그렇지만 정말 페이지마다 나의 실험 이야기에 대해 쓴 게 없다 하더라도 나는 걱정하지 않는다. 이 모든 실험의 앞뒤를 가려서 관련된 이야기를 하기만 한다면 나는 그것이 읽는 이에게 유익함이 없지 않으리라고 믿는다. 적어도 그렇게 믿는다고 자위하고 싶다.[37]

당신도 간디처럼 생각해야 한다. 당신이 이야기를 쓰는 이유는 다른 곳이 아닌 오로지 당신 안에 있고, 그렇다면 그것은 무슨 이유이든 무조건 옳다. 당신도 이야기를 써야 한다. 당신의 이야기를 써라.

기꺼이 1평 남짓한 이야기 쓰기의 감옥에 걸어 들어가라.

스스로를 가둔 이야기 쓰기의 감옥에서 차고 넘치는 당신의 콘텐츠를 확인하라. 당신이 밖의 것, 남의 것을 탐하느라 거기 있는 줄도 몰랐던 당신의 타고난 콘텐츠로 당신의 경쟁력을 굳건히 하라. 핑계는 그만 대자. 우물쭈물하다 무덤으로 직행하지 말고 지금 당장 쓰자. 신이 당신의 열정을 알아줄는지는 모르겠으나 온몸을 바쳐 행한 일에는 반드시 열매가 있다.

될까 안 될까 하고 신경쓰지 마라. 그건 신이 고민할 문제다. 당신은 일단 시작하라. 그리고 계속하라. 이 세상에서 가장 위대한 당신의 이야기를. 그리고 부디 기억하고 명심하라. 이야기계를 지배하는 이야기 바이러스의 주인은 당신이란 것을.

영화 〈꿀벌 대소동〉 첫 장면에 나오는 다음 글이 당신의 결심과 실행에 큰 용기를 줄 것이다.

벌들은 절대 날 수 없다
통통한 몸에 비해
날개가 너무 작기 때문이다

하지만 벌들은 잘 날아다닌다
불가능하다는 인간의 말에는
신경을 안 쓰니까.

부록

이 세상에서 가장 위대한 당신의 이야기를 표현하는
101가지 topic ways

- 내 인생의 문이 열리던 그날
- 나의 오늘을 있게 한 그날 그 아침
- 내 인생을 위협했던 절대절명의 순간들
- 평생 나를 따라다닌 단어 두 가지, 그리고 그 사연
- 내가 아이들에게 남기고 싶은 말들
- 해마다 여름(특정 계절)이면 빠뜨리지 않았던 그일
- 내가 특별히 잘 처리하는 일들과 그 비결
- 가족에게 친절하게 잘하는 방법
- 나의 사랑하는 이것
- 잊을 수 없는 영화 한 장면
- 내가 생각하는 성공의 이유
- 내가 보장하는 행복의 법칙
- 그리움으로 남은 첫 직장 첫 일
- 나의 인생 7계명
- 나의 최고의 팬, 응원부대는 이 사람
- 내 평생 실패의 사례와 그 의미
- 내가 결정을 내릴 때마다 써먹는 이 방법

- 당신을 닮고 싶어하는 고등학생에게 전하고 싶은 말
- 위안이 필요할 때, 나는 이렇게 했다.
- 나의 인맥관리 비결
- 잊지 못할 영화 세 편과 그 이유
- 내게는 평생 손에서 놓지 않는 이 책이 있다.
- 내 인생을 이끌어준 북극성
- 손자에게 쓰는 편지
- 최고가 되기까지 나를 담금질한 네 가지
- 마흔 살이 되기 전에 반드시 해야 할 일 7가지
- 예순 살이 되기 전에 반드시 해야 할 일 7가지
- 죽기 전에 누구가 꼭 해야 할 일 7가지
- 재충전이 필요할 때마다 찾아가는 그때 거기
- 나를 오늘에 이르게 한 결정적 습관 2가지
- 주위 사람들과의 갈등을 관리하는 법
- 평생 동안 유혹에 지지 않고 지켜온 습관은?
- 후배에게 전하는 커리어맨(커리어우먼)의 7가지 원칙
- 좀 더 빨리 성공하고 싶을 때 이렇게 하라
- 내 성공의 비밀무기는 이것이다
- 나를 빛나게 한 인물열전 WHOWHO
- 죽는 날까지 하고 싶은 일을 하는 비법
- 열심히 일하는 것보다 중요한 게 있다
- 결정이나 선택을 할 때 나의 체크포인트
- 결혼을 결정하기 전 반드시 확인해야 할 것
- 일 잘하는 사람들의 3가지 공통점

- 내 승부사적 근성이 발휘된 그때 그 일
- 내가 정말 싫어하는 유형의 사람과 좋아하는 사람의 유형
- 내가 좋아하는 말, 내가 싫어하는 말
- 내 인생에서 절대 양보할 수 없는 중요한 것
- 유언을 대신하여 내 아이에게 들려주고 싶은 한마디
- 나는 ○○○하는 사람
- 삶에 대한 나의 생각
- 나를 키운 것은 8팔이 ○○○다
- 이제 막 사회에 진출하는 후배들에게
- 내가 절대 양보하지 않은 몇 가지
- 죽어도 잊을 수 없는 만남
- 내 사전에 이런 단어는 없다
- 나를 상징하는 에피소드들
- 내 꿈은 이렇게 시작됐다
- 내가 부모님께 배운 것들
- 나이가 주는 귀한 선물
- 다시 20대로 돌아간다면 나는
- 일에 임하는 나의 첫 번째 원칙
- 남은 삶을 위한 나의 약속
- 내가 낚아챈 최고의 기회
- 나의 키워드 나의 경쟁력
- 신이 나에게 맡긴 일

이야기를 써야 마땅한 위대한 인생이란 대단한 스펙터클을 가진
소수의 인생이 아니라 사소함으로 위장한 평범한 일상을 살아내는
우리 모두의 인생이다. – 존 슈메이커

이 책에 인용된 글과 자료의 출처

1. 영화 '아이스에이지'의 PR자료 참고. 호모나랜스(Homonarrans)는 이야기하는 사람이라는 뜻으로, 영국의 사회학자 존 닐이 제창한 개념이다. 또 광고대행사 제일기획이 15~44세 남녀 600명을 대상으로 조사하여 '2008 디지털 리더스 포럼'을 통해 제시한 소비자의 새로운 유형이기도 하다.

2. 이 말은 영국의 사회학자 존 닐이 자신의 저서 『호모나랜스』에서 했다.

3. 『뉴욕타임스』는 리서치를 통해 사람들은 매일 3500개의 마케팅메시지에 노출되어 있다고 밝혔다.

4. 『중앙일보』 기사(2009.1.28일자) 김용옥의 '도올 고함' 칼럼을 통해 공개한 글 '오바마의 '세계경영과 공자의 인'에서 참고

5. www.hokypoky.net에 공개된 글을 참고

6. 『중앙일보』 기사 (2008.03.08일자)이에스더 기자가 쓴 글 -파리에서 만난 '연금술사' 코엘료 "방랑벽은 나의 힘 다음엔 서울 갈 수도"에서 참고

7. 카렐 차페크,『평범한 인생』, 리브로

8. 존 슈메이커,『행복의 유혹』, 베리타스

9. 안나 가발다,『나는 그녀를 사랑했네』, 문학세계사

10 닐 기유메트,『내발의 등불』, 성바오로출판사

11. 강인선,『리더십코드』, 웅진지식하우스

12. 이종환,『정도(正道)』, 관정교육재단

13 파커 J. 파머,『삶이 내게 말을 걸어올 때』, 한문화멀티미디어

14. EBS에서 방송(2008.2.12)한 '작가 파울로 코엘료의 '산티아고 가는 길''에서 참고

15. 마이클 래비거,『작가의 탄생』, 커뮤니케이션북스

16 『경향신문』에 실린(2008.06.21일자)이승수의 칼럼 '깨어있는 양심 혼탁한 세상 속갈 길을 밝히다'에서 참고

17. 스콧 니어링, 『스콧니어링 이야기』, 실천문학사

18. 노먼 F. 매클린, 『흐르는 강물처럼』, 자유문학사

19. 스티븐 킹, 『유혹하는 글쓰기』, 김영사

20. 『중앙일보』 기사(2007.07.25일자) '신작 『파피용』도 베스트셀러 베르베르를 만나다'에서 참고

21. 줄리아 카메론, 『아티스트웨이』, 경당

22. 피터드러커, 『피터드러커 자서전』, 한국경제신문사

23. 이희호, 『동행: 이희호 자서전 – 고난과 영광의 회전무대』, 웅진지식하우스

24. 니코스 카잔차키스, 『그리스인 조르바』, 열린책들

25. 『동아일보』 기사(2009.1.10일자) 신경숙이 쓴 「살며생각하며」 칼럼에서 참고

26. 나렌드라 자다브, 『신도 버린 사람들』, 김영사

27. 제이 밴 엔델, 『제이 밴 엔델 영원한 자유기업인』, 암웨이

28. 빌 클린턴, 『마이 라이프』, 물푸레

29 잭 웰치, 『끝없는 도전과 용기』, 청림출판

30. 마츠오카 세이고, 『지식의 편집』, 이학사

31. 윤혜영, 논문 「픽사 애니메이션 스토리텔링 전략연구: 시간과 공간 구조를 중심으로」 문화예술콘텐츠학회

32. 박희석, 『클릭을 부르는 인터넷 뉴스 헤드라인』, 커뮤니케이션북스

33 마크 트웨인, 『마크 트웨인 이야기』, 고즈윈

34. 윌리엄 J. 오닐, 『비즈니스 리더와 성공』, 지식의날개

35. 월러드스콧, 『명사들이 말하는 즐겁게 나이드는 법』, 크림슨

36. 박순백의 홈페이지 닥터 스파크http://drspark.connect.kr에서 참고

37. 마하트마 K. 간디, 『간디 자서전 나의 진리실험이야기』, 한길사

모닝페이지로
자서전쓰기

자서전이 완성되는 352가지 질문 리스트

랜덤하우스

모닝페이지로
자서전쓰기

자서전이 완성되는 352가지 질문 리스트

아직 쓰여지지 않은
당신의 자서전을 선물하며

안녕하세요? 저는 『모닝페이지로 자서전쓰기』를 쓴 스토리텔링 전문코치 송숙희입니다. 이 책은 '사람의 인생은 누군가를 막론하고 하나의 멋진 스토리'라는 개념에 매료되어 스토리텔러로 살아온 23년 경험과 노하우를 발휘하여 당신의 이야기를 위해 당신께 바치는 저의 선물입니다.

이 노트는 『모닝페이지로 자서전쓰기』를 통해 당신께 권한 대로 이 세상에 둘도 없이 귀하고 가치 있는 당신의 이야기, 즉 자서전을 보다 쉽게 쓰게 하고 싶어서 만들었습니다. 이 노트는 『모닝페이지로 자서전쓰기』에 소개한 '내 이야기 찾는 법' 질문리스트를 메모하기 쉽게끔 내용을 따로 솎아내 만든 것입니다.

이 노트는 질문에 따라 그 답을 한 줄 한 줄 써내려가기만 하면 그 자체로 자서전이 되는 신비한 노트입니다. 이 노트를 당신의 손에 넣었다는 것만으로도 당신의 삶을 돌아보는 귀한 여정이 시작되었다는 증거이며, 이것만으로도 이미 당신의 이야기는 빛을 발하기 시작합니다. 이 노트가 한 줄씩 채워져 마지막 페이지를 덮을 때면 당신의 이야기가 완성되는 것이지요.

요즘 우리가 살아가는 생태계는 이야기라는 바이러스로 온통 전염되어 있습니다. 태곳적부터 우리는 '이야기하기'를 좋아했습니다. 눈치 빠른 마케터들은 우리가 어디를 가든 그들의 필요에 따라 제작된 이야기를 매복시켜놓았고 우리는 그 이야기들을 주고받으며 재미있어 합니다.

이야기로 포장되지 않으면 계란 하나 팔리지 않는 실정이고 보니 온 사회는 이야기를 찾는 데 혈안이 되고 말았습니다. 입시공부에 매달리지 않고 엉뚱한 짓이나 한다는 교사들의 다그침을 피해 시나리오나 판타지소설을 쓰고, 농사짓는 부모님을 도와 수박의 변신을 도모한, 자기만의 이야기를 제출한 학생들이 특별전형으로 대학에 진학하는 세상이기도 합니다.

덕분에 사방팔방에서 당신의 이야기를 달라는 외침이 쏟아지기도 합니다.

리더도 이야기로 성공하는 시대가 되었습니다. 성공한 리더들은 수시로 자신의 과업을 소개하고 실수나 실패마저 디딤돌이었다고 이야기합니다. 리더의 능력은 자신의 이야기를 어떤 방법으로 전하고 퍼뜨리는가에 달려 있다고 말할 정도입니다. 한마디로 리더는 이야기 바이러스의 소유자입니다.

이 노트가 완성되면 당신도 자서전을 갖게 됩니다. 이제는 더 이상 다른 사람의 이야기를 찾아 기웃거리거나 당신의 아까운 시간과 돈을 다른 사람의 이야기를 소비하는 데 들이지 않을 것입니다. 대신 이 세상이 당신의 위대한 이야기를 퍼뜨려줄 것이며 당신 또한 이야기 바이러스를 몸에 지닌 성공자의 모습으로 살 것임을 확신합니다.

자, 아직까지 쓰여지지 않은 당신의 자서전, 지금 시작하십시오.

* 혼자쓰기 힘들거나 불편하거나 동지가 필요하시면
제가 운영하는 인터넷카페 '빵굽는타자기 www.shsong.com'로 오셔서 함께 하세요.

The story finder

〈The story finder〉는 내면탐험을 통해 내재되어 있던 자기만의 이야기를 발굴해가는 도구로 제작된 질문 리스트입니다.

※ 질문 작성 요령은 제2부 스토리 마이닝 중 '내 이야기를 완성하는 질문 리스트'의 how to를 참조하기 바란다.

- 질문1. **파노라마처럼 돌아보는 나의 삶**

한번이라도 생각해보았는가? 당신의 인생에서 가장 중요한 게 무엇이며 진정으로 무엇을 원하는지를. 맨 처음 준비한 질문들은 당신의 인생을 파노라마 사진처럼 되돌아보게 할 것이다.

1. 당신을 소개해주세요. 한마디로 당신은 누구세요?

2. 당신의 이름, 나이, 사는 곳, 직업, 결혼 여부 등 당신에 대해 좀 더 자세히 들려주세요.

3. 당신은 지금 행복하세요? 그 이유는요?

4. 당신은 지금 행복하지 않다고요? 왜요? 이유가 뭘까요?

5. 전반적으로 당신은 원하던 삶을 살아오셨나요?

6. 당신이 바라던 삶을 살았다는 증거가 있을까요? 있다면 무엇인가요?

7. 지금까지 살아오면서 가장 행복하다고 여겼던 때는 언제인가요?

8. 인생이 당신에게 준 선물이 있다면 무엇일까요?

9. 당신의 가장 큰 자랑거리는 무엇인가요?

10. 당신의 멘토는 누구예요? 어떤 점에서 그 분이 당신의 멘토인가요?

11. 살아오면서 가장 견디기 힘들었던 순간은 언제였어요?

12. 한참 지난 일이지만 두고두고 여전히 후회하는 일이 있으세요?

　　왜 그렇게 후회되는 걸까요? 할 수 있다면 돌이키고 싶으신가요?

　　그때로 돌아가 어떻게 하고 싶으세요?

13. 다른 이들이 알고 있는 당신의 가장 두드러진 특징은 뭔가요?

14. 당신이 죽고 난 다음 훈장을 받는다면 그 이유는 무엇일까요?

15. 다른 사람이 당신을 부를 때 주로 사용하는 호칭은요? 그 이유는요?

　　그 호칭이 당신은 좋으세요?

16. 지금 당신에게 가장 큰 소원은 무엇인가요?

17. 당신 인생에서 기념비적인 날이 있다면 언제, 무슨 날인가요?

18. 당신이 살아오는 데 가장 많은 도움을 받은 것은 무엇인가요?

19. 당신이 내남할 것 없이 강조해온 덕목이 있다면 무엇인가요?

20. 지금의 당신을 상징하는 어릴 때 사진이나 증거가 있나요?

• 질문2. **나 어렸을 때는**

이번 질문들은 당신이 타고난 소명과 사명의 예후가 드러나기 시작했을 당신의 어린 시절에 관한 것이다. 당신의 어린 날들은 어땠나? 당신은 얼마나 사랑받고 존중받는 어린이였으며 아들이고 딸이었나?

1. 당신은 어떤 가문에서 태어났나요?

2. 당신의 가문에 대한 특별한 자랑거리가 있나요? 그것이 당신에게 자부심을 갖게 했나요?

3. 당신이 기억하는 조부모님은 어떤 분이신가요?

4. 그 분들과의 잊지 못할 추억이 있나요?

5. 당신의 부모님은 어떤 분들인가요?

6. 당신은 몇 남매 중 몇 번째로 태어났나요? 다른 형제들과는 친하게 지냈
   나요? 당신의 형제 가운데 당신에게 가장 잘해준 사람은? 당신이 라이
   벌 의식을 느꼈던 형제는 누구인가요?

7. 당신의 성장기는 한마디로 어땠어요?

8. 당신의 어린 시절은 당신 일생에 영향을 많이 미쳤나요? 아니면 그냥 지나온 시간이었나요?

9. 지금도 어제처럼 또렷하게 기억하는 어린 날의 장면들은 어떤 게 있어요?

10. 혹시 잊히지 않는 그 장면들 간에 공통점이 있나요?

11. 당신의 어린 시절을 특징짓는 사건이나 상징이 있다면 무엇일까요?

12. 어릴 때 책이나 영화, 여행 등 문화를 다채롭게 체험했나요?

13. 어릴 때 당신이 부모님에게 강요받았던 가치가 있다면 무엇인가요?

14. 그 강요받은 것이 당신의 성격 형성에 영향을 미쳤다고 생각하세요?

15. 어린 시절 부모님은 서로 사랑하며 좋은 모습을 보여주셨나요?

16. 온 가족이 다 같이 생활했나요?

17. 아니라면 그 이유는요? 언제 다시 같이 생활했나요?

18. '우리 집'이 다른 집과 크게 달랐던 것이 있다면요?

19. 가족이 여행이나 외식을 자주 했나요?

24. 어릴 때 잘한다 소리를 들었던 재능이 있다면 무엇인가요?

25. 어려서 동네사람들에게 '쟤는 커서 ○○가 될 거야'라고 들었던 기억이 있나요? ○○가 뭔가요?

26. 당신에 대한 부모님의 기대는 어땠어요?

15

27. 어릴 때 존경했던 분이 있었나요?

28. 당신의 어릴 때 꿈은 무엇이에요? 지금 그 꿈을 이뤘나요?

29. 어린 시절의 당신에게 편지를 쓴다면 어느 때의 당신일까요? 그리고 주된 내용은 무엇일까요?

30. 어릴 때 신앙생활을 했나요? 지금도 신앙생활을 하고 계신가요?

31. 당신의 첫 친구는 누구였어요? 그 친구와 주로 무얼 하며 놀았나요?

- 질문3. **밤새 한 뼘씩 나를 자라게 했던 성장통들**

심리학자 에이브러햄 매슬로는 죽을 뻔한 고통을 당해본 사람만이 영혼의
성장을 이룰 수 있다고 했다. 이 고통을 영혼이 성장하는 계기로 삼을지 좌
절의 기회로 삼을지는 본인이 선택하기에 달렸다고 했다. 나는 어떤 경험
이건 잘잘못이 없다고 생각한다. 따라서 기쁨만큼 고통도 우리의 영혼을
위한 자양분이라 믿는다. 당신의 성장통은 얼마나 심했는가.

1. 당신의 생애에서 가장 힘든 때는 언제였나요? 무슨 일로 그렇게 힘들었
   어요?

2. 그때 당신이 크게 힘이 되어주던 무엇이 있었나요?

3. 일반적으로 당신은 어떤 경우에 어려움을 느끼나요?

4. 그럴 때 당신은 어떻게 해결하지요? 당신만의 해결법을 들려주세요.

5. 당신 스스로 생각하기에 당신에게 가장 부족하다 여겨지는 것은 무엇
   인가요?

6. 그 부족함을 어떻게 해결해왔나요?

7. 당신에게도 사춘기가 있었겠지요? 사춘기 무렵의 기억나는 에피소드
   가 있나요?

8. 당신이 처음 이성을 느꼈던 때는 언제 누구를 통해서인가요?

9. 당신이 가족으로부터 독립한 것은 언제인가요?

10. 일평생 당신을 지배해온 사람이 있나요? 그 사람은 왜 그토록 집요하게 당신을 지배했나요? 또 당신은 왜 그 사람에게서 놓여날 수 없었나요?

11. 가출한 경험이 있어요? 언제, 왜 가출했어요? 가출의 경험은 당신의 인생에 어떻게든 영향을 미쳤나요? 가출한 뒤 집에 돌아오게 된 계기는 무엇이었어요?

12. 지금 당신을 힘들게 하는 것은 무엇인가요?

13. 그것은 언제부터 어떤 이유로 당신을 힘들게 하나요? 그것을 해결할 수 있는 방법이 있나요?

14. 당신의 행동을 제약하는 가장 큰 원인은 무엇이에요?

15. 아무런 두려움이나 불안이 없다면 당신은 무엇을 하고 싶어요?

16. 당신을 힘들게 하고 아프게 한 것이 당신의 성장에 어떤 영향을 미쳤
    나요?

17. 당신이 싫어하는 사람은 어떤 유형의 사람인가요?

18. 당신이 싫어하는 일을 해야 하는 환경이라면 당신은 어떻게 반응하나요?

19. 당신의 인사권을 쥐고 있는 사람이 당신에게 부정한 행동을 요구할 때 당신은 어떻게 반응했나요?

20. 가장 힘들었던 때, 그때가 다시 온다면 지금의 당신은 어떻게 행동하 겠어요?

21. 힘든 고비를 넘고 있는 사람들에게 해주고 싶은 말이 있나요?

22. 당신에게 말 못할 비밀이 있나요?

23. 만일 비밀이 밝혀진다면 당신의 현재 삶에 어떻게 영향을 미칠 것이라고 생각하세요?

24. 당신이 외롭고 힘들 때 스스로 위안 삼는 방법은 어떤 것인가요?

25. 당신이 우울할 때 해소하는 방법은 무엇인가요?

26. 누가 뭐라 해도 내 편이 되어줄 것이라 믿는 사람이 있나요?

27. 그렇게 믿는 이유는 무엇인가요?

28. 그(그녀)와 어떤 일이 있었나요? 그에게도 당신이 그러한가요?

29. 당신이 인정받거나 사랑받는다고 느낄 때는 언제인가요?

30. 당신이 가장 피하고 싶은 것은 언제 어떤 경우인가요?

31. 가장 많이 울었던 때는 언제이며 그 이유는요?

32. 당신이 반복하여 겪는 시련이 있나요?

33. 왜 같은 시련을 반복한다고 생각하세요?

34. 어떤 방법으로 그 시련을 이겨냈나요?

35. 그 시련을 이겨낸 힘은 어디에 있다고 보나요?

36. 그 경험을 통해 당신은 무엇을 느꼈고 배웠나요?

37. 머리에 떠올리면 언제나 용기와 희망이 생기는 일이 있나요?

38. 당신이 특별히 좋아하는 것은 무엇인가요?

39. 그것을 언제 어떤 방법으로 알게 되었나요?

40. 당신이 가장 위안을 받는 행위는 무엇인가요?

41. 당신의 별명은 뭐예요?

42. 별명이 지어진 배경은 무엇인가요? 그 별명이 마음에 드나요?

• 질문4. 사랑과 결혼, 가족이야기

가족은 '이른 봄날의 내의 같은 존재'라는 비유를 들은 적이 있다. 봄인 듯 느껴지면 겨우내 의지했던 내의가 가장 먼저 거추장스러워진다. 미련 없이 내의를 벗어버리고 대신 프렌치코트에 머플러를 두르며 옷깃을 여며보지만 웬일인지 봄을 시샘하는 추위는 뼈마디까지 파고든다. 그럴 때 못이기는 척 내의를 다시 입으면 어찌나 따뜻한지. 당신에게 가족은 어떤 의미인가? 봄날의 내의 같은 존재인가? 한겨울의 오리털코트 같은 존재인가? 당신의 일부 혹은 당신의 전부를 만들어온 당신의 부모님과 당신의 배우자, 그리고 당신의 자녀들에 대한 이야기를 써보자.

1. 부모님께 받은 가장 큰 칭찬은 언제 주로 무슨 일이었나요?

2. 어릴 때, 가족이 자주 시간을 함께했나요? 모이면 주로 어떻게 지내세요?

3. 지금, 가족들은 자주 모이세요? 모이면 주로 무엇을 하세요?

4. 가족과 집을 떠나 독립한 시기는 언제 어떤 방법이었나요?

5. 우리 가족의 자랑스러운 점을 이야기해주세요.

6. 우리 가족이 다른 가족에 비해 좀 부족한 점이 있다면요?

7. 아버지는 어떤 분이셨어요?

8. 어머니는 어떤 분이셨나요?

9. 각각의 형제자매는 어떤 분들이에요?

10. 당신은 언제 첫 연애를 했나요?

11. 상대를 만나게 된 계기는 무엇이고 상대의 어떤 점이 좋았나?

12. 지금 배우자는 몇 번째 만난 사람인가요?

13. 당신이 만난 이성들 간에 공통점이 있나요?

14. 지금 배우자와 첫 연애를 한 그 사람과의 공통점이 있다면요?

15. 결혼하셨지요? 결혼을 결심하게 된 계기는 무엇인가요?

16. 결혼생활에 있어서 가장 중요하게 여기는 것은 무엇이에요?

17. 결혼할 당시 두 사람에게 가장 중요했던 것은 무엇인가요?

18. 당신은 몇 번의 사랑을 했나요?

19. 지금도 그 당시의 감정들이 사랑이라고 믿나요?

20. 결혼에 있어 사랑은 어느 정도의 비중을 차지한다고 생각하세요?

21. 당신이 생각하는 이상적인 배우자란 어떤 사람일까요?

22. 한 사람에게 결혼은 어떤 의미를 가질까요?

23. 결혼하기까지 과정과 결혼식 중 가장 기억나는 것은 무엇인가요? 그
    이유는?

24. 결혼 초기에 가장 힘들었던 일은 무엇인가요?

25. 어디서 신혼살림을 시작하셨나요?

26. 당신의 신혼 시절은 어땠어요? 가장 기억에 남는 것은 무엇인가요?

27. 당신의 배우자는 어떤 분인가요? 그(그녀)의 특징과 장점을 얘기해주세요.

28. 배우자의 특성 가운데 당신이 가장 못 견뎌했던 것은 무엇인가요?

29. 시댁이나 처가와의 갈등은 없었나요? 그 이유는 무엇인가요? 지금은 어떤가요?

30. 결혼 후 배우자가 많이 변했나요? 어떤 점에서 얼마나 변했어요?

31. 결혼 후 당신도 변했나요? 어떤 점에서 얼마나 변했나요?

32. 아직 결혼하지 않았다면 언제쯤 할 건가요? 결혼이 늦어지는 분명한
    이유가 있나요?

33. 당신과 배우자가 주로 다투는 것은 무슨 이유인가요?

34. 다툰 후 화해는 어떤 방법으로 하나요?

35. 결혼을 후회한 적도 있지요? 언제인가요?

36. 다시 결혼한다면 지금의 배우자와 하겠어요?

37. 결혼생활을 영위하는 데 가장 중요하게 여기는 것은 무엇인가요?

38. 결혼 후 매우 심하게 싸웠던 때는 언제이며 그 이유는 무엇인가요?

39. 당신의 결혼생활에 있어 가장 아쉬운 것은 무엇인가요?

40. 아이에게 물려주고 싶은 배우자의 장점은 무엇인가요?

41. 당신의 첫 아이는 언제 어디서 태어났어요? 태몽도 꾸었나요?

42. 첫 아이의 임신. 출산. 육아 과정 동안 많은 에피소드가 있었지요? 딱 하나만 골라 써보세요.

43. 아이를 낳아 기르는 동안 가장 큰 어려움은 무엇이었어요?

44. 아이가 태어난 날을 기억하세요? 그날 무슨 일이 있었나요? 아이를 낳기 위해 병원으로 갈 때부터 얘기해보세요.

45. 아이가 당신 인생에 어떤 영향을 미쳤나요?

46. 당신은 지금 아이와 친하게 지내나요?

47. 그렇지 않다면 이유가 뭔가요?

48. 아이가 부모의 어떤 점을 닮았나요?

49. 아이 교육에 당신이 가장 신경쓰는 것은 무엇이에요?

50. 아이가 당신처럼 살기를 바라나요? 그렇지 않다면 아이는 어떤 삶을 살았으면 하나요? 그 이유도 써보세요.

51. 당신이 췌장암으로 6개월밖에 못 산다면 아이에게 무엇을 해줄 수 있을까요?

52. 아이에게 유언으로 남기고 싶은 단 한 마디가 있다면요?

53. 당신과 부모님의 관계는 어떤가요?

54. 당신의 아이들과 부모님의 관계는 어떤가요?

55. 부모로서 가장 기뻤던 일은 언제 어떤 일이었어요?

• 질문5. **또 다른 가족 친구와 동료, 선후배 그리고 이웃**

친구라는 존재는 참으로 묘하다. 혈육이 아니면서 혈육보다 가깝고 더러는 가족보다 더 큰 영향을 끼친다. 동료나 선후배 그리고 이웃도 '친구'의 다른 이름이다. 그러므로 당신의 생애에서 친구를 빼놓고 이야기할 수 없을 것이다.

1. 당신에게 친구가 생긴 것은 언제부터인가요?

2. 당신의 가장 오랜 친구는 언제 만난 누구인가요?

3. 그 친구는 한마디로 어떤 사람인가요?

4. 당신은 새로운 친구를 잘 사귀는 편인가요?

5. 당신은 친구를 사귀면 그 관계가 오래 지속되나요?

6. 당신이 주위의 삶과 환경에 관심을 가지기 시작한 것은 언제인가요?

7. 당신이 현재 참여하는 외부활동은 무엇인가요?

8. 동창회 등 지속적으로 참석하는 모임이 있나요? 어떤 모임인가요?

9. 어떤 이유에서 그 모임에 지속적으로 참여하나요?

10. 당신이 애정을 가지고 참여하는 외부활동은 무엇인가? 그 이유는요?

11. 당신이 꼽을 수 있는 친구는 누구 누구인가요?

12. 그들은 어떤 시절의 친구인가요?

13. 혹시 그들만의 공통점이 있나요?

14. 지금 가장 자주 만나는 친구들은 누구인가요?

15. 그들과 만나면 주로 하는 것은 무엇인가요?

16. 결혼한 여자라면 결혼 전 친구들과 자주 만나나요?

17. 결혼한 남자라면 친구의 가족과도 자주 만나나요?

18. 만난 지 오래됐지만 꼭 한 번 다시 만나고 싶은 사람이 있나요?

19. 그(그녀)는 누구이며 다시 만나고 싶은 이유는요?

20. 그(그녀)를 만나 하고 싶은 일이 있나요?

21. 누군가와 헤어지는 고통을 크게 경험한 적이 있어요?

22. 언제, 누구와의 헤어짐인가요?

23. 그 고통을 어떻게 극복했어요?

24. 상실의 아픔을 크게 겪는 누군가에게 해주고 싶은 말이 있다면?

25. 친한 친구와 크게 싸운 적이 있나요?

26. 그 이유는 무엇이고 어떤 방법으로 화해하나요?

27. 다른 사람들을 움직이고 싶을 때 당신이 자주 쓰는 방법은 무엇인가요?

28. 지금 가장 보고 싶은 친구는 누구예요? 그 친구와 함께 하고 싶은 일은 무엇인가요?

29. 당신은 다른 사람을 리드하는 편인가요? 아니면 누군가의 리드를 따르는 편인가요?

30. 당신은 다른 사람을 내 뜻대로 움직이게 하고 싶은 욕구가 많은가요?
그럴 때 당신이 자주 쓰는 방법은 무엇인가요?

31. 지금 당장 가장 보고 싶은 친구는 누구예요? 그 친구와 함께 하고 싶은
일은 무엇인가요?

• 질문6. **재능과 능력 혹은 지식과 커리어에 대해**

이번 질문들은 자신이 원하는 게 뭔지도 모르고 사는 많은 사람들이 그 답
을 찾을 수 있는 질문들이다. 당신의 타고난 재능에 대해 알 수 있는 매우
소중한 질문들이다. 다른 것에 전혀 신경쓰지 말고 오로지 당신의 느낌이
알려주는 답을 찾으라.

1. 당신은 무슨 일을 하세요?

2. 당신의 직업은 무엇인가요?

3. 당신이 일을 할 때 가장 중요하게 여기는 것은 어떤 점인가요?

4. 지금까지 당신이 주로 해온 일에는 어떤 공통점이 있나요?

5. 당신의 어떤 점이 그 일에 적합하다고 생각하세요?

6. 조직에서 당신은 리더인가요? 아니면 리더를 따르는 편인가요?

7. 당신 단독으로 진행한 프로젝트가 있으세요? 언제 수행한 어떤 프로젝트인가요?

8. 당신의 어떤 능력이 그 프로젝트를 맡을 수 있었다고 생각하세요?

9. 당신은 세상 돌아가는 일을 어떻게 파악하세요?

10. 자기계발 차원에서 받아온 재교육 프로그램은 어떤 게 있나요?

11. 오랫동안 혼자 해온 공부가 있나요?

12. 박람회나 회의, 학회 등에 참가한 적이 있나요? 어떤 박람회였나요?
    그때 당신의 소감은 어땠어요?

13. 당신은 충분히 공부했다고 생각하세요?

14. 공부를 더 하고 싶으세요? 어느 분야의 공부를 더 하고 싶은가요?

15. 더 하고 싶은 공부를 시작하지 않은 이유가 궁금합니다.

16. 당신이 생각하는 문제가 해결된다면 당장 공부를 시작하겠어요?
    아니라면 이유는요?

17. 당신이 가장 좋아하는 일은 어떤 종류의 일인가요?

18. 당신이 가장 쉽고 재미있게 해내는 일은 어떤 유형이지요?

19. 동료나 주위에서 가장 높이 평가하는 당신의 재능은 무엇인가요?

20. 당신이 하는 일 가운데 죽어도 포기할 수 없는 것이 있다면요?

21. 당신이 주로 칭찬 받는 것은 어느 분야의 일인가요?

22. 당신에게 가장 큰 만족감을 주는 일은 어떤 것인가요?

23. 당신이 전문가로 통하는 분야가 있나요?

24. 다른 사람들이 당신에게 도움을 청할 땐 주로 어떤 경우인가요?

25. 다른 사람을 가르칠 수 있는 지식이나 능력이 있다면 무엇인가요?

26. 다른 사람을 가르친 실제 경험이 있나요? 어떤 주제, 내용이었나요?

27. 당신이 가장 많이 배우고 경험한 분야는 어느 쪽인가요? 그 분야에서
    요구되는 가장 중요한 자질은 무엇인가요?

28. 다른 사람에게 절대 양보하고 싶지 않은 일은 무엇이지요?

29. 당신은 무엇을 할 때 가장 재미있고 신이 나나요?

30. 시간 가는 줄 모르고 당신을 몰두하게 만드는 것이 있다면 무엇인가요?

31. 당신의 창의력을 자극하는 분야는 어느 쪽인가요?

다음 빈 칸을 메워보세요.

32. 나는 _____을 참 잘한다.

33. 다른 사람이 내게 부러워하는 것은 _____하는 능력이다.

34. 죽는 날까지 단 하나의 일을 해야 한다면 무엇을 하겠어요?

35. 당신이 누구보다 잘하는 일은 무엇인가요?

36. 당신이 해온 일 가운데 큰 노력 없이도 늘 성과가 좋았던 일이 있다면
무엇인가요?

37. 다른 사람이 하는 것을 지켜보기보다는 주로 직접 하는 일이 있다면
무엇인가요?

38. 앞으로 좀 더 많이 배워보겠다고 벼르는 것이 있다면 무엇인가요?

39. 지금까지 당신이 해온 일 가운데 두고두고 자랑스러운 성취의 경험은
    무엇인가요?

40. 그 일만 했다 하면 기분이 좋고 행복하고 결과까지 좋은 일이 있다면
    무엇인가요?

41. 당신이 가장 정열적으로 대하고 많은 힘과 에너지를 쏟아붓는 일은 무
    엇인가요?

42. 주위 사람들이 나에게 내리는 공통된 평가는 무엇인가요?

43. 책장에 꽂힌 책 가운데 가장 많은 종류는 무엇인가요?

44. 당신이 가장 오래 해온 일은 무엇인가요?

45. 그 분야에서 특히 당신의 장점이 두드러지는 것은 무엇인가요?

46. 남들이 나를 소개할 때 주로 하는 말은 무엇인가요?

47. 돈이나 시간 등 어떤 제약도 없다면 당신이 하고 싶은 일은 무엇인가요?

48. 〈예순 살이 되면〉이라는 비틀스의 노래가 있습니다. 예순 살 당신의 생일에 당신은 어떤 사람이 되어 있고 싶습니까?

49. 직업을 선택할 때 당신의 기준은 무엇이었나요?

50. 다시 직업을 선택해야 한다면 그 기준은 무엇인가요?

51. 학창시절 당신은 어떤 타입이었나요?

52. 학교 다닐 때 주위에 소문자자했던 자랑할 만한 재주나 능력이 있었나요?

53. 그 능력은 어떻게 갖춘 것인가요? 타고났나요, 아니면 노력해서 갖췄
    나요?

54. 그 능력은 지금도 여전히 당신의 장점인가요?

55. 사회에 진출한 후 당신이 주로 한 일과 핵심능력이 무엇인지 찾아보기
로 해요? 다음 표를 채우세요.

직장/혹은 일	그곳에서 주로 한 일	그 일을 하는 데 필요한 기술이나 능력은?
직장/혹은 일1		
직장/혹은 일2		
직장/혹은 일3		
직장/혹은 일4		
직장/혹은 일5		

56. 학교나 직장생활 외에 당신이 주력한 것이 있다면 무엇인가요?

57. 대학을 나왔다면 학과를 선택한 이유는 무엇인가요?

58. 첫 직장에서 당신이 한 일은 어떤 것이었나요?

59. 첫 직장에서 한 일을 지금도 하고 있으세요? 또 앞으로도 계속 하실 생각인가요?

60. 누가 봐도 탁월한, 당신이 자랑해마지 않는 당신의 능력은 무엇인가요?

61. 그 능력은 언제 길러졌나요?

62. 그 능력을 객관적으로 증명할 자료가 있나요?

63. 당신의 직업을 선택한 계기가 무엇인가요?

64. 다시 선택할 수 있다면 지금 하는 그 직업을 택할 건가요?

65. 다시 선택할 수 있다면 당신은 어떤 직업, 어떤 일을 하고 싶으세요?

66. 하고 싶은 일을 지금 하지 않는 이유는 무엇인가요?

67. 그 어떤 제약도 없다면 당신은 그 일을 시작하시겠어요?

68. 그 어떤 제약도 없다면 당신은 무엇을 하고 싶나요?

69. 당신을 시장에서 판다면 사람들이 왜 당신을 사갈까요?

• 질문7. **내 인생을 지배한 것들을 인생곡선으로 알아보자**

중학교 1학년 도덕책, 「삶의 의미와 도덕」 편에 '나의 인생곡선 그리기'라는 내용이 있다. 인생곡선 그리기란 그동안 살아오면서 기억에 남는 일 혹은 당신의 인생에 긍정적이든 부정적이든 영향을 미친 일들을 인생곡선 그래프에 표시하는 것이다. 이 작업은 자기계발을 목표로 한 각종 워크숍에서 빠지지 않고 등장하는 도구다. 이것은 현재 당신이 존재하기까지 당신에게 영향을 미친 모든 것을 파악함으로써 그것의 의미를 이해하고 당신의 미래를 제대로 설계할 수 있도록 한다. 이것이 인생곡선을 그리는 목적이다.

삶은 당신에게 꼭 필요한 특정 메시지를 남기기 위해 어떤 방법으로든 당신의 삶에 관여한다. 인생곡선 그리기를 통해 당신의 의식 아래에서 끄집어내 올려지는 사건들은 메시지의 은유다. 따라서 당신 속 이야기를 찾아내는 과정에서 인생곡선 그리기 작업이 가장 중요하며 결정적인 단계다.

인생곡선 그리는 방법

당신의 기억에 뚜렷이 남은 어떤 일이나 사건 혹은 이슈가 행복했거나 기쁜 일이었으면 위쪽에, 그렇지 못했으면 아래쪽에 표시한다. 행복이나 기쁨의 정도가 크면 클수록 표의 위칸에 표시될 테고 불행이나 슬픔의 정도가 크면 클수록 아래칸에 표시될 것이다. 사람에 따라 그런 일들이 여러 번 되풀이 될 수도 있고 또는 단 한 번만 있을 수도 있다. 아래 표에 당신의 인생곡선을 그려보라. 다른 사람을 의식하지 않고 솔직하게 표시를 해야 하는 만큼 당신 혼자서 하는 게 좋을 수도 있다. 나도 인생곡선 그리기를 통해 내 삶에서 반복되던 패턴을 찾았고, 그 원인과 배경까지 찾을 수 있었다. 막연히 생각하던 것을 확연하게 알게 된 그때의 놀라움이 아직도 생생하다. 인생곡선 그리기는 그 어떤 방법보다 자신의 삶을 한눈에 볼 수 있어 유용하다.

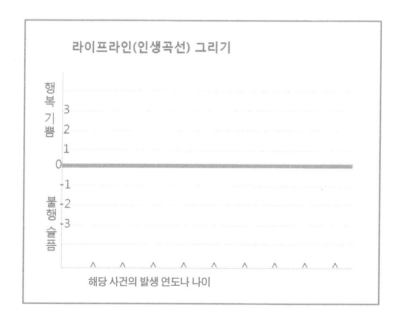

인생곡선을 다 그렸으면 표를 보면서 다음 질문에 답을 해보자.

1. 인생곡선에 나타난 당신이 가장 행복한 때는 언제인가요?

2. 인생곡선에 나타난 당신이 가장 불행한 때는 언제인가요?

3. 당신의 인생곡선에서 긍정적이거나 부정적으로 반복되는 패턴이 있나요?

4. 당신의 인생곡선에서 계속되는 긍정적인 패턴은 어떤 것인가요?

5. 당신의 인생곡선에서 계속되는 부정적인 패턴은 어떤 것인가요?

6. 인생곡선에서 당신 삶을 지배해온 요인이 드러나나요? 그것은 무엇인
   가요?

7. 당신이 행복하거나 기쁠 때, 그 이유는 주로 무엇에 의한 것이었나요?

8. 당신이 성공했을 때, 당신의 어떤 점이 작용했다고 생각하는가?

9. 당신이 행복했을 때, 다른 이들도 당신의 행복을 기뻐했나요?
   아니라면 왜 그랬나요?

10. 당신이 최고로 행복했을 때, 당신을 빛나게 한 최고의 자산은 무엇이
    라 생각하세요?

11. 당신이 불행했을 때마다, 당신의 곁에 늘 있었던 것은 무엇인가요?

12. 그것을 없애기 위해 당신은 어떤 행동을 했나요?

13. 문제에 직면했을 때 주로 당신은 어떻게 행동하는지요?

14. 당신을 흥분시키는 새로운 가능성이 있다면 무엇인가요?

15. 아무런 제약이 없다면 당신은 앞으로 무엇을 하고 싶으세요?

16. 지금 그것을 하지 못하는 가장 큰 이유는 무엇인가요?

17. 하지 못하는 이유가 해소되면 당신은 정말 그것을 잘 할 수 있을까요?

18. 당신의 소명에 대해 생각한 적 있으세요? 그렇다면 그것은 무엇이라
생각하지요?

19. 위에서 언급한 당신의 소명에 대해, 왜 그렇게 생각하시나요?

20. 당신이 이 세상에 태어난 특별한 이유가 있다고 생각하세요? 그 이유
가 무엇일까요?

21. 당신이 일반적으로 가장 잘하는 것은 무엇인가요? 그것과 당신의 소명이 연결되어 있다고 생각하시나요?

22. 당신이 가장 중요하게 여겨온 가치는 무엇인가요?

23. 당신의 일생을 지배해온 사건이나 사람이 있는지 얘기해주세요?

24. 구체적으로 어떤 일이 있었어요? 지금은 그 영향력에서 벗어났나요?

25. 다시 그 상황이 된다면 그래도 같은 영향을 받을 것 같으세요?

26. 다시 경험하고 싶은 행복한 경험은 무엇이에요?

27. 인생곡선에서 가장 도드라지는 사건이나 퍼포먼스나 이벤트나 결과
나 성과는 무엇인가요? 그 경험이 당신에게 어떤 메시지를 안겨주었
다고 생각하나요?

꿈을 품고 있다는 자체로 세상의 주인이 된 듯 뿌듯했던 시절이 당신에게도 있었는가? 꿈은 한 번 품으면 이룰 때까지 절대 사라지지 않는다. 조심스럽게 당신 품 안의 꿈을 뒤져보자.

1. 어렸을 때 당신은 무엇이 되고 싶었나요? 어떻게 살고 싶었나요? 오랫동안 지녀온 당신의 꿈에 대해 이야기해주세요.

2. 그 꿈을 지금 당신은 이루었나요? 아니면 이뤄가는 중인가요?

3. 어딘가에 당신의 꿈에 대해 써두었나요? 뭐라고 쓰셨나요?

4. 그 꿈은 무엇인가요? 그 꿈을 갖게 된 계기는 무엇인가요?

5. 지금 당신의 꿈은 무엇인가요?

6. 당신이 가졌던 꿈들은 어떤 것들이 있나요?

7. 그 꿈들의 공통점은 무엇인가요?

8. 그 꿈을 왜 아직 못 이루셨나요?

9. 그 꿈을 이루기 위해 가장 우선 필요한 것은 무엇이라 생각하세요?

10. 당신의 꿈을 이루는 데 가장 큰 장애는 무엇인가요?

11. 그 장애를 해결하는 방법은 무엇이지요?

12. 그것을 위해 지금 당장 할 수 있는 일은 무엇인가요?

13. 당신이 최근 새로 시작한 일이 있나요?

14. 그것은 무엇이며 새로 시작한 계기는 무엇이지요?

15. 그것을 시작하는데 주위의 반대가 없었나요?

16. 주위의 반대를 어떻게 물리쳤나요?

17. 무엇인가를 선택할 때 당신의 기준은 무엇인가요?

18. 죽기 전에 꼭 해보고 싶은 것이 있나요?

19. 왜 지금은 그것을 하지 못하지요?

20. 지금 당신에게 가장 큰, 절대적인 관심사는 무엇인가요?

21. 그것을 해내기 위해 당신은 어떤 노력을 하고 있나요?

22. 주기적으로 하는 봉사활동이 있나요?

23. 어떤 계기로 시작하여 얼마나 하셨나요?

24. 주위사람들에게 봉사활동을 권하는 편인가요? 어떤 말로 권하는지요?

25. 주말과 휴일엔 주로 어떻게 보내나요?

26. 주말과 휴일을 보내는 방법은 누가 결정합니까?

27. 주말과 휴일을 보내고 나면 흡족한가요?

28. 주말이나 휴가를 어떻게 보내면 좋을지 생각한 적 있으세요?

29. 지금까지 살아오면서 당신이 포기했던 것 중 가장 아쉬운 것은 무엇인가요?

30. 그것을 왜 포기했나요?

31. 지금 다시 기회가 주어진다면 그것을 해내겠어요?

32. 그것을 해내기 위해 당신이 가장 먼저 해야 할 일은 무엇인가요?

33. 그 어떤 제약도 없다면 당신은 지금 당장 무엇을 하고 싶은가?

34. 당신의 경험 가운데 가장 자랑스러운 것은 무엇인가요?

35. 당신의 경험 가운데 스스로 가장 만족스러운 것은 무엇인가요?

36. 당신의 능력 가운데 가장 가치있는 것은 무엇인가요?

37. 다른 사람에게 한 일 가운데 가장 가치있는 것은 뭔가요?

38. 다른 이들이 당신에게 가장 고마워하는 것이 있다면요?

39. 당신이 꼭 이루고 싶은 게 있다면 그게 무엇인가요?

40. 그 목표를 위해 당신이 지금 우선 해야 할 일은 뭔가요?

41. 그 목표를 위해 지금 당장 그만둬야 할 것은 뭔가요?

· 질문9. **이제 나는 이렇게 살아야겠다**

앞에서 지난 삶을 반추하는 동안 삶이 당신에게 어떻게 말을 걸어왔는지 느꼈으리라 생각한다. 이제는 당신이 삶에게 말을 걸어보자. 나는 이제 이렇게 살아야겠다고. 이 질문들이야말로 당신이 이야기를 써야 하는 이유를 담고 있다.

1. 지금 하고 있는 것에 대해 그 전에 알았다면 지금 그 일을 계속 할 것 인가요?

2. 당신에게 "어떻게 살면 되나요?"라고 묻는 후배가 있다면 그들에게 들려주고 싶은 말은 무엇일까요?

3. 당신의 묘비명에 어떤 글이 쓰이면 좋겠어요?

4. 당신은 죽은 뒤 자녀들에게 어떻게 기억되고 싶으세요?

5. 당신은 죽은 뒤 주위사람들에게 어떻게 기억되고 싶으세요?

6. 지금까지 당신의 삶은 한마디로 어떠했나요? 점수를 준다면 몇 점이나 줄 것인가요?

7. 앞으로 당신의 삶에 가장 중요한 것은 무엇이라 생각하세요?

8. 다른 건 몰라도 이것 하나만은 꼭 하겠다고 벼르는 것이 있나요?

9. 지금까지 살아온 당신의 삶을 한 편의 연극이라 생각하고 제목을 붙여 보세요.

10. 지금까지도 그랬지만 앞으로도 절대 양보할 수 없는 당신 삶의 대원칙
은 무엇인가요?

11. 당신이 지치고 힘들 때마다 위로가 되어준 명언이나 명구를 소개해주
세요.

12. 1년의 유급 안식휴가를 받는다면 무엇을 하고 싶나요?

13. 반드시 당신이 하고 싶은 일을 하는 데 써야 하는 조건으로 10억의 유
산을 받게 된다면 당신은 그 돈을 무엇에 쓸까요?

14. 지금 당신에게 가장 중요한 사람은 누구인가요?

15. 그 중요한 사람과 우선 해야 할 일은 무엇인가요?

16. 최근 당신에게 일어난 중요한 일은 어떤 일인가요?

17. 그 일이 왜, 어떤 의미에서 당신에게 중요한가요?

18. 젊은 친구들이 당신을 닮고 싶어한다면 어떤 점 때문일까요?

19. 그들에게 당신은 어떻게 보이는 걸까요?

20. 그들에게 당신은 어떻게 보이고 싶은가요?

21. 당신 이야기 제목으로 붙이고 싶은 책이나 영화 제목이 있다면 무엇인 가요?

22. 당신이 가진 것 가운데 가장 소중한 세 가지는 무엇일까요?

23. 당신이 꼭 갖고 싶은 세 가지는 무엇일까요?

24. 지금껏 미루고 미뤄왔지만 꼭 하겠다고 결심한 일이 있나요?

25. 그것을 위해 무엇부터 할 것인가요?

26. 그것을 위해 하지 말아야 할 것이 있다면요?

• 질문10. 내가 나에게 묻기를

적지 않은 분량의 질문 리스트임에도 불구하고, 정작 당신에게 중요한 것들을 빠뜨렸을 수 있다. 당신 스스로에게 질문하라. 평소 입 밖으로 내기 꺼렸던 질문일수록 더욱 좋다. 당신이 원하는 답을 쓸 수 있도록 질문을 만들어라.

1.

2.

3.

4.

5.

6.

7.

8.

9.

10.